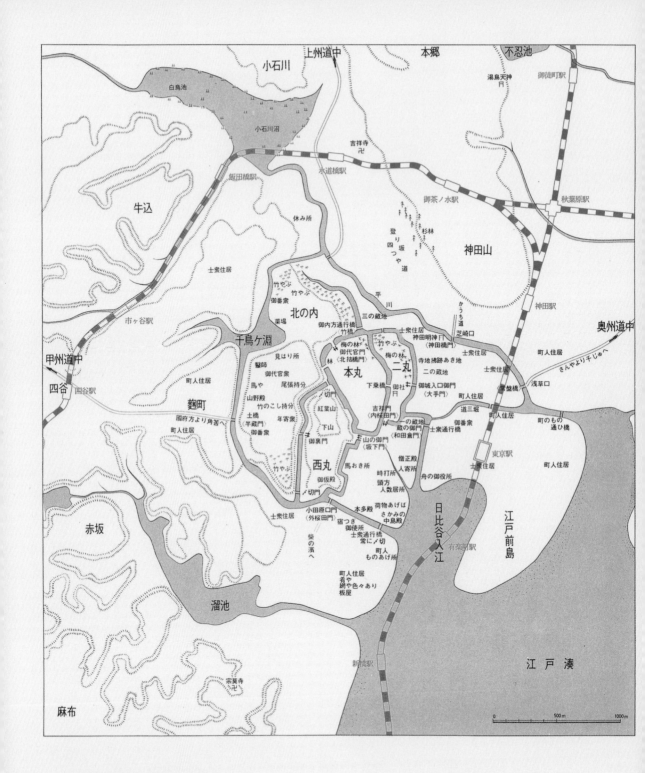

江户第一次建设

1602 年（庆长七年）左右——根据《庆长七年江户图》

< > 内是别称或后来的名称

■■■■ 是现在的 JR

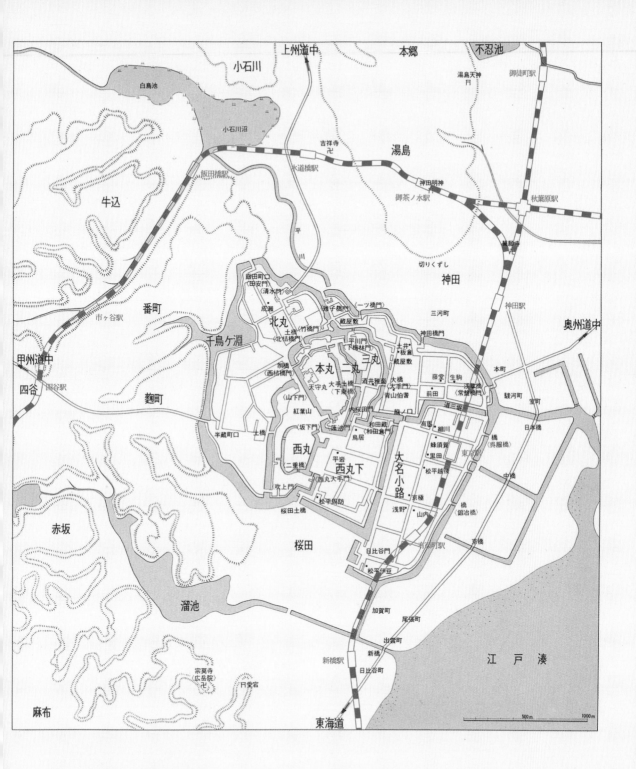

江户第二次建设

1608 年（庆长十三年）左右——根据《庆长十三年江户图》

文景

———

Horizon

日本营造之美

江户町

（上）

大型都市的诞生

［日］内藤昌　著
［日］穗积和夫　绘
王蕴洁　译

上海人&出版社

目 录

前　言

江户，就是东京的前身。

在古代，日本的首都设在平安京。794 年（延历十三年），日本以当时世界第一大都市——中国唐朝的首都长安为模板，建造了相当于四分之一个长安的平安京，这就是现在京都的雏形。

京都以西的地区，不仅和中国关系密切，而且其居民掌握了先进的农耕文化，因此，人们过着丰衣足食的田园生活。

京都以东的地区，山岳绵亘，极目荒野，少有人烟。而从京都有两条路可以前往京都以东的地区，一条是沿着太平洋的东海道，另一条则是贯穿中部山岳的东山道。

都鸟啊　既然你是都市之鸟
请问你　我心爱的人可安好

或许是远离首都的寂寞，令他感到哀伤吧！每个熟悉京都文化生活的人，都绝对不想在关东的荒野定居。

事实上，京都人打心眼里鄙视关东人，称他们为"东夷"，意思是"东方的野蛮人"。但东夷擅长骑马驰骋在荒野上，一旦发生战争，更是所向披靡。成为武士的东夷表现卓越超群，被人们尊称为"阪东武士"，令人敬畏。

1192 年（建久三年），镰仓幕府在阪东武士活跃的关东平原建立，拉开了日本中世武士巅峰时代的序幕。差不多在相同时期，历史上开始出现"江户"这个名称。

之后，太田道灌和德川家康在荒野上建造了江户的城下町[2]，江户逐渐发展成为日本第一都市，进而发展为世界上屈指可数的大型都市。当今东京这座城市的繁荣，正是江户发展的结果。

本书主要追溯江户町的建设过程，讲述日本人在都市建设方面灿烂而光荣的历史，同时，这也是一份令人心酸的失败记录。希望各位读者可以再度深切地体会：今日的东京，是在尝试错误的过程中建立起来的。

离开京都，沿东海道东进，有一座足柄山；沿东山道前进，必须越过碓冰峠[1]。足柄山以东的地区称为"阪东"，碓冰峠以东的地区称为"山东"，也就是今天的关东平原。

利根川从关东平原的中央穿过，每逢大雨，洪水泛滥，令百姓伤透脑筋。利根川像个"捣蛋的小和尚"一般到处撒野，百姓称之为"阪东太郎"，人们对它厌恶之至。

隅田川位在"阪东太郎"的下游。从京都千里迢迢沿着东海道而下的著名诗人在原业平（825—880），看到远处层峦叠嶂的筑波山和眼前汹涌的隅田川时，曾经如此吟唱：

1　峠是山顶的意思。——译注（下文若无标注，则均为译注）
2　以封建领主居城为中心，在周围形成的市街。

江户原本的风貌

　　"江户"这个名字，"江"是海水进入陆地的意思，"户"是入口，指隅田川入海口附近的那一片低洼湿地。

　　江户的西侧是一片广大的台地——武藏野。古诗中曾经如此吟诵：

　　　　武藏野上　没有月亮的藏身之处
　　　　自草原而升　消失在草原上

　　正如诗歌所说的那样，武藏野是一片辽阔无际的原野，长满了芦苇和芒草。

　　武藏野台地可以细分为五个小台地，由西向东分别是品川台地、麻布台地、曲町台地、本乡台地和上野台地。在台地和台地之间，分别是山谷、沼泽、河流，还有流向江户港的河湾。其中，以日比谷湾最大，它风平浪静、湾水清浅，可以采收到许多海苔。人们在海中架起采收海苔的编竹（日语发音为hibi），"日比谷"（hibiya）因而得名。

　　日比谷湾的前方是巨大的沙洲半岛，人们称之为江户前岛。江户前岛东侧的平川流域早有人居，并兴建了村落。

　　统治这一带的阪东武者栋梁（一家之长）是江户重长。他在面向平川的曲町台地东端建造了"江户馆"，在源赖朝建立镰仓幕府的时候，他是一位做出了卓越贡献的优秀武将。

太田道灌的江户城

到了室町时代的 15 世纪，江户由时任关东管领的上杉定正统治。他的重臣太田道灌于 1457 年（康正三年）在原本的江户馆旧址重新建造了江户城。

从建在高地上的江户城可以俯瞰整个日比谷湾，设计者巧妙地利用了局泽等地势较低的地方，挖掘护城河，形成子、中、外三层城郭。中城称为本丸，子城称为二丸，外城称为三丸。

本丸之内，以太田道灌的官邸静胜轩为中心，分别建造了可以遥望富士山白雪的含雪斋、

可以欣赏城下日比谷湾的泊船亭等。子城和外城中建有许多粮仓和马厩，还有两座望楼（橹）和五道石门，江户城由此被称为关东首屈一指的名城。

当时，京都经历了漫长的应仁之乱（1467—1477），已经变成了硝烟弥漫的战场，完全失去了往日平安京的面貌。许多学者和僧侣纷纷离开荒废的京都，来到天下闻名的江户城下，投靠太田道灌。

于是，位于平川南岸地的平川村逐渐热闹起来，形成了江户城下町。

平川河口有一座大桥名为"高桥"，河口一带是十分热闹的港湾城镇，来自全国各地的物产都聚集在此，除了白米、茶和鱼等生活物资以外，有时来自中国的中药也会在此交易。

然而，江户的繁荣并未持久。1486年（文明十八年），太田道灌遭到主君上杉定正暗杀。太田道灌的猝逝，使得江户城下町渐渐没落萧条，回到以往穷乡僻壤的景象。

德川家康进入江户

在1590年（天正十八年）农历八月一日，"八朔"[1]秋祭的那一天，德川家康进入江户城，开始正式统治关东。百姓称这一天为"关东御入国"和"江户御打入"，之后这一天也成为幕府的纪念日。

在那之前，丰臣秀吉打败了小田原的北条氏，完成了天下统一大业。身为丰臣秀吉手下武将的德川家康，得到了北氏的藩地关八州，也就是武藏（东京都、埼玉县）、相模（神奈川县）、安房（千叶县）、上总（千叶县）、下总（千叶县、茨城县）、常陆（茨城县）、上野（群马县）和下野（栃木县）等整个关东地区，但丰臣秀吉收回了德川家康的旧藩地，即骏河（静冈县）、远江（静冈县）、三河（爱知县）、甲斐（山梨县）和信浓（长野县）五大藩国。

丰臣秀吉此举是为了让德川家康离开出身地

---

1 在农历八月一日这一天农家会举行祭祀活动祈愿丰收。

京都，奔赴遥远的乡下。他这么做，并非为家康着想。虽然德川家的重臣本多忠胜、榊原康政和井伊直政等人一致反对，但家康还是接受了丰臣秀吉的命令。

而且，家康放弃了镰仓、小田原等自古以来用以统理关东平原的大都市，选择落脚于更东方的江户。想必他一定在心中思考，因太田道灌而闻名天下的江户城，在城下町的高桥拥有一个良港，又坐拥辽阔的武藏野台地，日后一定有极大的发展空间。

德川家康入城时，江户城简直一片荒芜。虽然美其名为"城"，但完全看不到任何城墙，杂草丛生。城内的建筑物就像是木板葺顶的农舍，和山中小村的民房没什么两样，与织田信长金碧辉煌的安土城以及丰臣秀吉雕梁画栋的大阪城相比，显得格外破旧寒酸。

虽然江户城如此破旧不堪，德川家康仍感到十分满足。他简单地修补了漏雨的地方，开始在心中计划建设新的江户城和城下町。

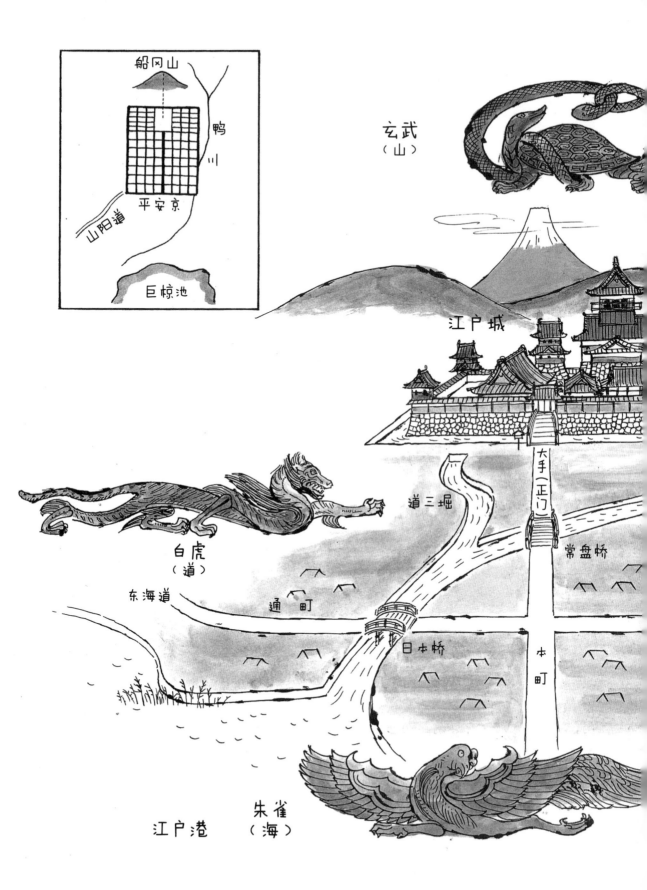

船冈山

鸭川

山阳道　平安京

巨椋池

玄武
（山）

江户城

道三堀

大手（正门）

常盘桥

白虎
（道）

东海道

通町

日本桥

本町

朱雀
（海）

江户港

14

都市规划的原理

中世的城郭通常建在山上，称为"山城"，可避免战争时期直接受到敌军攻击。然而和平年代山城难以开展政治活动、发展工商业，也无法丰富百姓的都市生活。

于是，在安土桃山时代，在小山丘建城的"平山城"以及在平地兴建的"平城"逐渐开始普及。立志统一天下的织田信长的安土城是平山城，丰臣秀吉的大阪城则属于平城。

德川家康改造了太田道灌建造的江户城用作自己的城池，因此他只能建造平山城。不过，他尽可能将城下町建成了平城。

他以平安京作为建造江户町的模板。前面也曾提到，平安京是日本古代的首都，是以中国唐朝的首都长安为范本建造的。

那么，长安是按照怎样的原理设计的呢？

中国是举世闻名的文明国家，从悠久的历史经验中总结出了"阴阳学"理论。"阴阳学"是一门结合现在的天文学和地理学的学问，可以占卜和预测居住在怎样的地形有助于让人类生活幸福。

"阴阳学"中的"四神相应"地形理论，是建造都市的原理。

也就是说，要寻找由掌控宇宙的东南西北四神庇护的地方建造都市。

东方：有"青龙"神庇护的河流。

南方：有"朱雀"神庇护的池塘或海。

西方：有"白虎"神庇护的道路。

北方：有"玄武"神庇护的山。

青龙
（河流）

也就是说，城必须北面背靠着山，南侧面对大海，在尽情沐浴阳光的东方有清澈的河流，人们可以大量汲取饮用水，并从西方的道路运来粮食，从而享受丰沛的生活——这是人类的桃花源。

以平安京的都市规划为例，城东为鸭川，南为巨椋池，西为山阳道，北为船冈山。

江户的南方有日比谷湾，建町的平地在东方，在朱雀—玄武南北轴向东北偏东约112度的位置设置了城的大手（正门）。于是，平川为青龙，隅田川流入的江户港为朱雀，曲町台地看到的富士山为玄武神，分别满足了地形的要求。也因此有了"龙之口"和"虎之门"的地名。

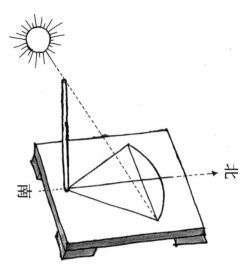

利用木棒的阴影测量北方的方位

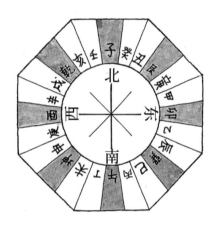

用此图表示方位

兴建土木工程

若想按照"四神相应"的原理建造江户町，就必须大规模地改造自然。

德川家康进入江户城之前，已经事先调查了城下周边的地形，在进入藩国之际，就在城的大手前造了一间小屋，和木原吉次、木原重次父子研究实施计划。他从最初的江户町奉行[1]中，挑选天野三郎兵卫康景为建造新町的总负责人。

不久，板仓胜重担任新的江户町奉行，并任命福岛为基为土木工程负责人，即普请奉行，田上盛重为负责测量工作的地割奉行，正式实施造町计划。

测量工作主要是测量方位和距离。

当时，日本还没有使用来自中国的指南针，只能使用根据北极星位置测量方位的传统方法。白天时，也会利用木棒的阴影确定北方的位置，即将木棒垂直竖立在地面，阴影长度最短时的方向就是北方。这种方法很不准确，需要更精确地了解方位时，会使用以下方法：在上午的适当时间，以木棒底部为中心，阴影的长度为半径，画一个圆弧；到了下午，当阴影的前端又出现在圆弧上时，将上午和下午的阴影所形成的角度二等分，这条等分线所指的位置就是北方。

以这种方法测定北方后，再将东、南、西、北四个方向分成十二等份，每份为30度，分别

1　奉行为日本武家时代担当行政事务的武士官名。

以十二支（子、丑、寅、卯、辰、巳、午、未、申、酉、戌、亥）命名。因此，北方为子，东方为卯，南方为午，西方为酉。

在测量距离时，使用了分别以尺（约30.3厘米）和间（6.5尺=1.97米，称为京间）为单位的"间竿"和"水绳"为测量工具。间竿是一种木尺，可以测量二间以内的短距离。水绳则是由5毫米粗细的绳子涂上柿涩（青柿子果实的汁）所做成的卷尺，用来测量更长的距离。

根据规划案测定方位和距离后，就能够决定道路和护城河的位置了。护城河对运输大量的建筑材料和生活物资而言十分重要。因此，首先在平川河口到江户城正门附近挖了一条道三堀护城河。之后，为了方便从行德（千叶县）运盐，又在隅田川东方挖了一条小名木川。

由于是在海岸附近建町，人们无法挖井汲取饮用水。于是挖了一条导水路，从小石川沼引入饮用水。这就是神田上水道的起源。赤坂溜池的水，也成为江户的水源。

建立在海边原野上的江户，在各方面大兴土木，终于成为可以让广大民众居住的地方。

分区的标准

城下町按照居民的身份，将他们居住的地区分为以下三大区域：

武士居住的地区——武家地

有寺庙、神社的地区——寺社地

居民居住的地区——町人地

首先，从三河（爱知县）、远江（静冈县）等德川家旧藩国转移来的家臣，在武家地建造武家宅邸，从江户城大手前的平川河岸开始，分散到城下各地。尤其在城北北之内（北丸）至城西曲町的高地，设置了代官[1]的官舍和番众（下级武士）的长屋[2]，称为"代官町"和"番町"。

寺社地原则上设置在城下町的交通要塞附近。原本在平川村、局泽的寺庙和神宫，都转移到了神田台和矢之仓一带。

道灌时代曾经繁荣一时的高桥改名为常盘桥，在常盘桥东方和江户城大手的道三堀附近设置了町人地。这里是城下町繁荣的根本，故命名为"本町"。

本町附近的区域规划决定整个江户町的风貌，因此模仿了平安京的构造。幕府希望这里能够发展得和平安京一样热闹，故将一町设为四十丈（400尺，约121.2米）见方，这是居民居住的地方。其中再分为井字形，在面向马路的地方建造町屋[3]，中央则是"会所地"的空地，作为公共厕所和堆放垃圾的场所。

马路的宽度也以平安京为范本，像本町路那样垂直的通町路（日本桥大道）为六丈（约18.2米），其他的横町路分别为四丈（约12.1米）、三丈（约9.1米）和二丈（约6.1米）。当时，一般的城下町道路宽度通常为京间二间（约3.9米），最宽也不超过三间（约5.9米），因此有人批评江户的马路太宽了。人们担心马路太宽会导致两侧的商家无法整体繁荣，时间久了恐怕会没落。但德川家康力排众议，执意建设如此宽敞的道路，可见他早已计划将江户建设成一个大都市。

江户町的格局规划，比当时一般城下町的规划均大了一两倍。

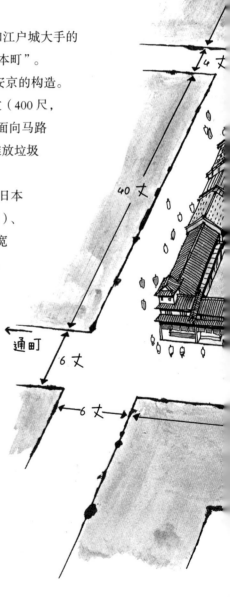

1　地方官。

2　类似大杂院。

3　商家。

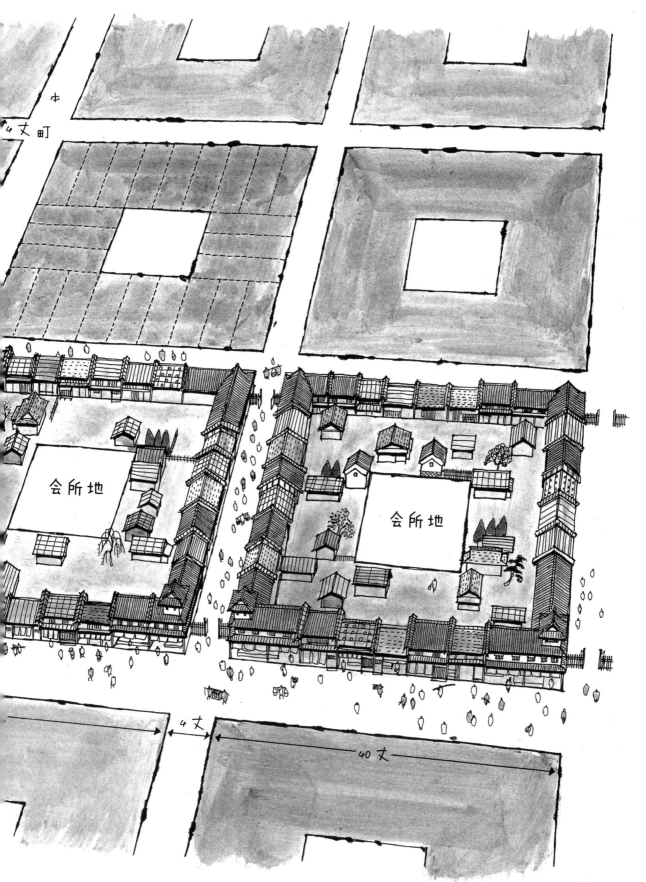

本

4丈町

会所地

会所地

4丈

40丈

19

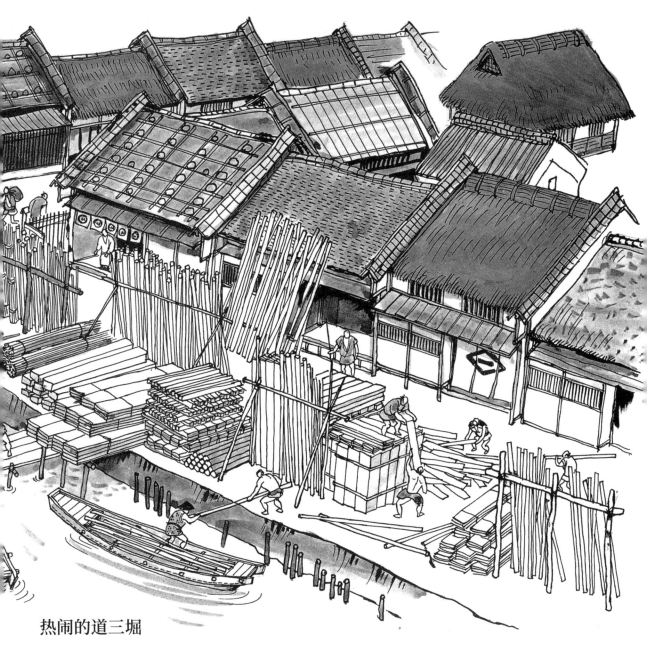

热闹的道三堀

江户町中，道三堀附近最先繁荣起来。道三堀两岸建有材木町、舟町和四日市町，成为町的中心。

全国各地用船只运来的木材，经由江户港集中在日本桥川和道三堀，因此材木町出现了许多木材行。舟町成为以这些船只经营海运业的回船批发商（日文为回船问屋）聚集的地方。附近的居民把日常的生活物资运入四日市町，四日市町很快变成了市集。

除了江户本地的居民以外，德川家康还从骏河、远江、三河、甲斐，以及更远的京都、伏见、奈良、大阪和堺等地招募居民。

1594年（文禄三年），隅田川上游的荒川建造了千住大桥。到了1600年（庆长五年），多摩川上又建造了六乡桥，以江户为中心的奥州道中与东海道的交通网由此建立起来。自德川家康进入江户以来不到十年，江户已为发展成一个大都市奠定了良好的基础。

江户开府

　　1598 年（庆长三年）八月，丰臣秀吉在伏见城驾崩。不久，各路人马为了到底由谁称霸天下、由谁掌握日本国而展开一场明争暗斗。

　　1600 年，东军的德川家和西军的丰臣家之间，终于爆发瓜分天下的关原之役。当时，江户的建设工程正如火如荼地进行，天守[1]也还没兴建，而三国第一大名城（指在日本、中国和印度皆首屈一指）大阪城已拥有五层楼的天守，所以谁都觉得西军赢定了。

　　然而德川家的东军团结一致，击败了松懈大意的西军，取得了胜利。1603 年二月，德川家康成为掌握天下的人，当上了征夷大将军，统率全国的大名[2]。

　　这时，德川家康开始思考如何治理日本这个国家。身为将军，要在哪里设立幕府，成为他的

1　建在城内的望楼，平时作为兵器库，战时成为司令塔和发射弓炮的所在。
2　日本封建时代的诸侯。

22

德川家康

首要问题。

自古以来，日本这个国家的政治、经济和文化中心都设立在近畿地区，德川家康把幕府设在刚开始建町的江户，显然是冒了极大的风险。

德川家康最终还是决定在江户设立幕府，此举被称为"江户开府"。想必德川家康有自信以平安京为模板确立远大的都市规划并逐步执行，这让他做出在江户设幕府的决定。

从此之后，德川家康不是以京都而是以江户为中心，来思考日本这个国家。江户的中心街道本町与通町的交叉处建起了日本桥，以此为起点延伸出"五街道"（东海道、中山道、甲州道中、奥州道中和日光道中），将自古以来以京都为中心的交通网作为"次要街道"纳入，连接全国规模的城下町。

如此这般，德川家康建立了掌控日本全国的新国土计划。

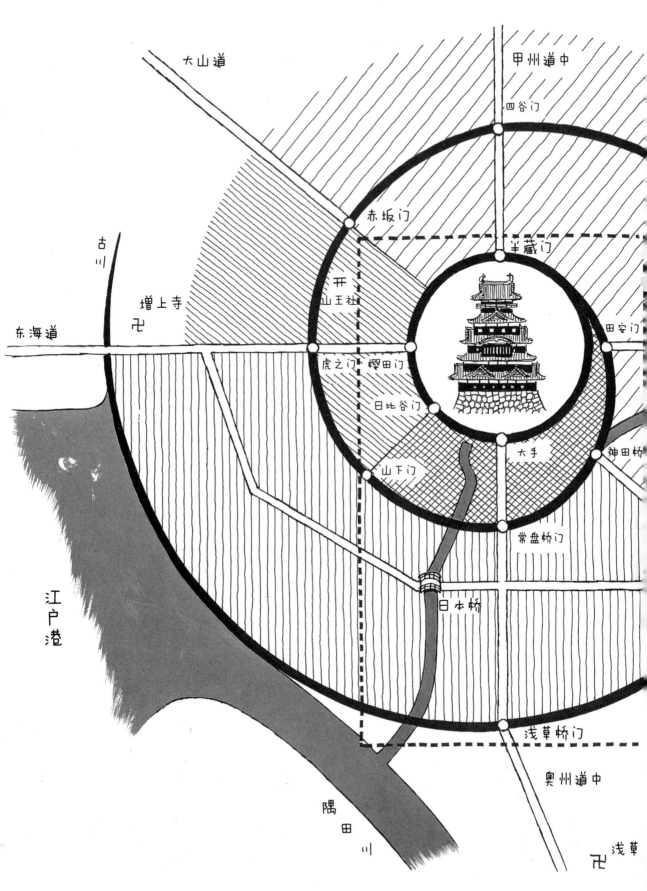

甲州道中

四谷门

赤坂门

半藏门

大山道

古川

增上寺
卍

开
山
王
社

东海道

田安门

虎之门 樱田门

日比谷门

大手

神田桥

山下门

常盘桥门

江户港

日本桥

浅草桥门

奥州道中

隅
田
川

浅草
卍

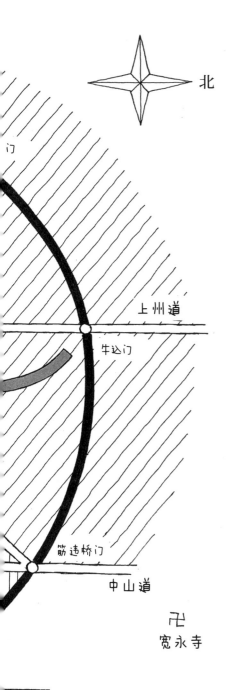

北

上州道

牛込门

筋违桥门

中山道

卍 宽永寺

谱代大名居住区

外样大名居住区

旗本和御家人居住区

町人地

线内是 1602 年（庆长七年）以前
的江户町（见 14、15 页）

"の"字形的扩张计划

在江户开府后，江户和江户城都必须发展为适合作为幕府所在地的天下第一大都市。为此，之前以平安京为模板，按照"四神相应"原理确立的都市规划需要重新修正，进一步扩大规模。

于是，"の"字形的大扩张计划应运而生。这项扩张计划就是以江户城为核心，挖一条"の"字形的右涡旋状护城河。

必须注意的是，这个计划并没有废止之前建设的江户町，而是对其加以利用，并巧妙利用外侧的山丘、山谷和河流等自然地形，以"の"字形延伸河流。只要运用土木技术，江户的市街就可以不受限制地向外扩张。

然后，让"の"字形的河流与呈放射状的五大街道结合。这样，无论江户变得多大，都可以靠町人地的自由经济活动支持武家地的消费生活。

这项都市计划十分特异，不仅在日本前所未有，在国外也是空前绝后。幕府因此可以让众大名的妻儿住在江户，安心地实施来年举行的参勤交代制度[1]。即使全国各地再多的大名聚集在江户，这里也有足够的地方供他们居住。

如果没有这个扩张计划，不知道江户会变成什么样子。最多只能发展成名古屋那样的城下町而已吧！

---

1 江户幕府规定各地大名要在江户和藩国之间轮换居住的制度。

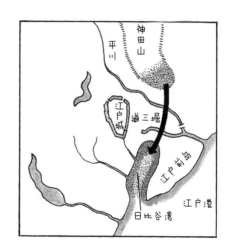

整治江户港

由于对丰臣秀吉有所顾忌，德川家康此前只在西丸的一部分推动兴建江户城的工程。但决定将其当作幕府本城后，他不需要再顾忌任何人，于是命令全国众大名合力建造天下第一大城，此举被称为"天下普请"[1]。

作为准备工作，1603 年三月，幕府开始整治江户港的海岸线，建造船舶停靠点，让全国各地装船运来的建材（石头和木材）得以卸货。人们铲平了神田山，根据"の"字形扩大计划，把山上的土填到深度较浅的日比谷湾。同时开挖东至江户前岛、和道三堀连接起来通往平川的沟渠，称之为堀川（日本桥川）。在堀川上建造了大型的日本桥，它成为"五街道"的起点。

由于是"天下普请"，所以工程是由受命于幕府的各大名负责的。石高（大名统理的藩国可收成的稻米数量）一千石的大名要提供 10 名工人，这些人被称为"千石夫"，日本桥町到新桥附近挤满了"千石夫"。于是各町就用负责其工程的大名的藩国名来命名本町，于是出现了尾张町、加贺町、出云町之类的名字。

---

1 普天同建。

滑车船

滑车

石船

装船

拖船

伊豆的采石场

　　1604 年，幕府终于发表了江户城的大构筑计划。当时，受命建造石墙（日文为石垣）的是池田辉政（姬路）、福岛正则（广岛）、黑田长政（福冈）和加藤清正（熊本）等曾经追随丰臣家的外样大名[1]。

　　众大名各自花费两年时间，准备 300—400 艘运输石头的"石船"，终于在 1606 年集中到江户，投入土木工程的指挥工作。关东地区很少有石头

山，但人们在伊豆半岛找到了石山。于是，外样大名们派遣家臣壮丁，雇用石工在现场采石。

　　在采石场，首先由石工使用榔头和石凿打洞，从悬崖上敲下数吨重的石块，再由壮丁把石块装在名为"修罗"的橇车上，运往海岸，经由幕府的官吏检测后，才能装上石船。

　　运送石块时，要使用附有滑车的船装运。通常，一艘船要装两块 100 人才抬得动的大石头，一个月

1　指在关原之役后才追随德川家康的大名。

拖运石材

检测石头

采石

榔头

石凿

凿洞

往返江户两次。各大名总计准备
了近3000艘石船聚集在伊豆，
前仆后继地将石块运往江户。

有时候，船只会遇到巨风
沉没。据说，锅岛胜茂的石船
沉了120艘，加藤嘉明的沉了
46艘，黑田长政的船也沉了
30艘。

29

拨木

小谷狩

让木材滑下山

垂落山谷

伐木

木曾山林的"小谷狩"

　　建设工程使用的木材来自利根川上游的关东北部山岳地区、富士川上游（静冈县）和木曾川上游（长野县）。其中木曾谷的大山林自古以来就是优质桧木的产地。

　　接到建筑大木匠师的订单后，杣头（伐木师傅的指导者）会寻找符合尺寸要求的树木，再将其砍下，稍加修整，集中在山谷，然后将木材丢进溪水中运输，这一系列工作被称为"小谷狩"。

木材的运输

送到木曾川上游的木材会被集中在水流缓慢的地方。人们在那里拉起一张大网，防止木材四散，这个网被称为"网场"。在这里，木材被按不同的尺寸分类，分别装在竹筏上，竹筏顺流而下，将其送到伊势湾。

由于这是天下第一的江户城所使用的木材，据说某些木材长约十七间（约33.5米），前端直径有四尺五寸（约1.4米）。这些巨木很长，运送它们比运输巨石更加辛苦。只能动用数千名壮丁，使用和现代巴拿马运河相同的方式运输，即堵堰木曾川，利用水的浮力，好不容易才把木材运到伊势湾。再用船只千里迢迢运到江户港，来回一趟差不多需要一年的时间。

大川狩
（木材沿河滑下）

背篭

図籠

搬运至江户町

运到江户港的石块和木材，经由完工未久、尘土飞扬的道路，运到江户城的建设工地。

大石头都装在名为"修罗"的橇车上。装扮得像外国人的领唱人站在车上，挥动旗帜、敲锣打鼓，让无数壮丁配合节拍同时出力。数千块巨石需要不止一千人，有时甚至要三五千人合力拉才能将它们一一运往江户。为了使橇车滑动更顺畅，人们会在滚轴下方铺上昆布。一般的石头就用牛车或人力车搬运，石墙背面使用的小石头（里石），则用网篮或放在背篓中搬运。

这些都是极其粗重的工作。各大名为了比其他藩国更早、更漂亮地完成自己负责的石墙，不分昼夜地赶工，江户町盛况空前，人声鼎沸，简直就像在举行庙会之际又发生了火灾。

在这种情况下，各种摩擦和争执无可避免。在幕府的指示下，各藩发出了禁令：

一、不得违抗幕府的官吏的命令。

二、若伙伴之间发生争吵，则双方都得受到处罚。

三、无论好坏，皆不得评论世事。

四、禁止和他藩的人聚会。

五、即使是同伴好友也不得在工作时一起喝酒。

六、禁止比赛相扑或夜间外出。

……

然而，由于从事的是粗活，工人往往无法遵守这些规定。

牛车

"修罗"橇车

昆布

建造江户城的石墙

1605 年四月，江户城正式开始"天下普请"之际，德川家康让儿子秀忠继承了征夷大将军一职，自己开始过隐居的生活。

第二代大将军德川秀忠任命内藤忠清、神田正俊、都筑为政和石川重次为普请奉行，命令堪称筑城术第一人的藤堂高虎重新制定江户城的基本规划。这项工作被称为"圈绳定界"（日文为绳张り），也就是圈绳划定建筑面积。藤堂高虎在效忠丰臣家时，曾规划过郡山城、和歌山城和小仓城，是圈绳定界的高手。在关原之役后，他赢得了德川家康的信任，设计了二条城和伏见城，与丰臣秀吉建造的大阪城对抗。如今，他正着手把江户城建成天下第一城。

藤堂高虎手下有来自全国各地的优秀土木建筑师。织田信长在建造安土城时，曾经使用近江国（滋贺县）志贺郡阪本村穴太的石工，建造了气势非凡的石墙。之后，穴太的石工成为举国闻名的石墙专家，"穴太"这两个字便成了建石

壕沟

木筏
根石
松木桩

墙的土木建筑师的代称。曾经和藤堂高虎一起为丰臣家建城的穴太，再加上户波一族的骏河和三河，率领众多徒弟，在江户城的建设中发挥了举足轻重的作用。

在幕府的土木建筑师的指导下，各藩国的大名分别雇用穴太在自己分配到的地段筑起石墙。

要在坚硬的岩石上堆石头并不困难，但江户城的壕沟是由日比谷湾填土而成的泥地，沉重的石墙一下子就会陷进泥地。

于是，土木建筑师把松木置于泥地中，组成木排，用长长的木桩固定，再筑石墙。采取这种名为"木筏地形"的方法后，仍然会出现石墙下沉的情况。有时候，工程进行到一半，好不容易堆起的石墙又倒塌了。浅野但马守长晟的工地，曾经发生过百数十人被压在石头下惨死的意外事故。

听到这个消息，加藤清正便采取了后来流传后世的解决方法。他命令壮丁去武藏野上割了许多芒草，铺在泥地上，然后找来许多10—15岁的孩子，让他们在上面尽情玩耍，花费足够的时间，把地面踩结实后再筑石墙。虽然工程进度比浅野家落后，但即使发生地震，石墙仍然屹立不倒。

人力车

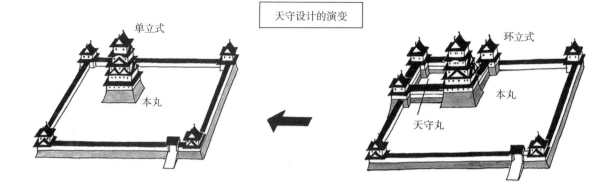

单立式　本丸

天守设计的演变

环立式　本丸　天守丸

环立式天守的设计

完成石墙的土木工程（普请）后，人们终于着手营建工程。德川家的各项营建工程向来是由木原吉次担任指挥，不过这次也请曾在奈良法隆寺担任大木匠师的中井正清率领众多近畿地区的优秀木匠协助。

中井正清的父亲中井正吉是丰臣秀吉兴建大阪城的大木匠师，正清承袭了父亲的技术，和藤堂高虎一样，在关原之役后赢得德川家康的信赖，参与二条城和伏见城的建设。德川家康和秀忠虽然成为将军，夺取了天下，但丰臣秀吉之子丰臣秀赖仍住在秀吉建造的、三国无双的名城大阪城，不知道何时会对德川家展开反扑。因此，他们特地找来对大阪城知之甚详的中井正清，要把江户城建造得比大阪城更加无懈可击。

藤堂高虎设计的江户城，根据江户都市规划的"の"字形方案，采取了"涡状城郭式"构造。在本丸（城郭中心）的高台周围，二丸（第二道城墙）、三丸（最外层城墙）、西丸（西城）和北丸（北城）的外部城郭按涡旋状排列，这是最复杂的城楼设计，敌军难以攻入。中井正清的这项设计无疑使江户城天守成为比大阪城天守更大、更先进的建筑。

该设计在本丸中央耸立的大天守东侧、北侧和西侧依次各造一个小型天守，形成环状连接，也就是所谓的"环立式天守"。由于本丸内建造了四个大小不同的天守，形成"天守丸"的特别架构，即使敌人攻进本丸，天守丸仍然可以发挥城池的作用。

织田信长的安土城和丰臣秀吉的大阪城，是在大天守旁设置一个小型望楼，没有建造小天守，外观看起来像梯子，因此被称为"梯立式"构造。"环立式"江户天守采取的是绝对不可能遭敌人攻克的"易守难攻"的新构造。

連立式

本丸

梯立式

本丸

建造大天守

中井正清设计的环立式大天守，是日本历史上前所未有的高层建筑。

本丸的御殿已在 1606 年九月完工，将军德川秀忠已迁入居住。在御殿西北方，伊达政宗（仙台）、上杉景胜（米泽）、蒲生秀行（会津）等关东和东北地区的诸大名奉命建造高达八间（约 15.8 米）的天守丸石墙。翌年，又增加了二间（约 3.9 米）的大天守台石墙。

结果，大天守台比本丸高了十间（约 19.7 米）。然后在大天守台上建造了高二十二间半（约 44.3 米）、外观为五层楼的大天守。内部则有被称为穴藏的地下一层和地上六层，总计七层楼。一楼的平面：东西长十六间（此处一间为七尺，约 33.9 米），南北长十八间（约 38.2 米）。顶楼的平面：东西长五间五尺（约 12.1 米），南北长七间五尺（约 16.4 米）。这比姬路城的大天守还要大很多。

本丸比江户城下高 20 米左右，再加上天守台 19.7 米，以及五层楼建筑 44.3 米，耸立在离地 84 米高处的大天守，成为雄伟的高层建筑。

为了让建筑能抵挡狂风暴雨，人们在一般的土瓦上涂敷铅粉。这种金属瓦是首次在江户城尝试使用。从远处望去，江户城天守即使在夏天也像是覆盖着皑皑白雪，闪耀着白色光芒，因此经常被拿来和富士山美景相提并论。

41

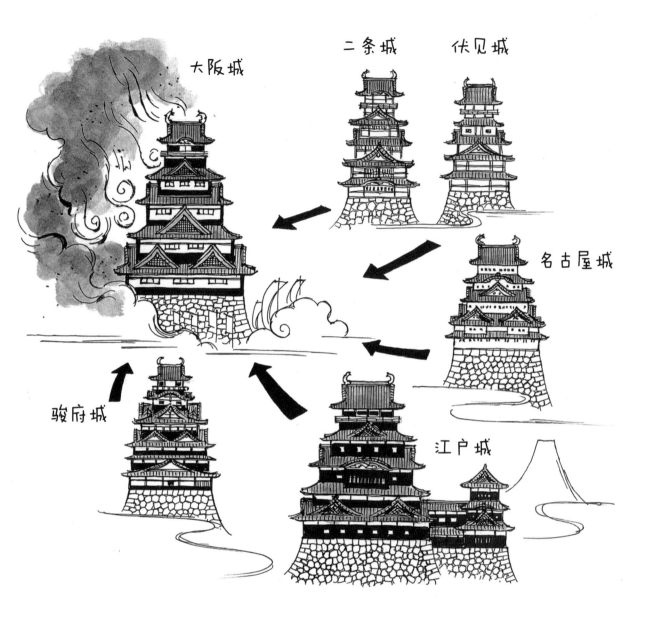

大阪城

二条城　　伏见城

名古屋城

骏府城

江户城

大阪之阵

江户城一经完成，德川家康便开始在骏府（静冈县）建造自己的隐居城。1607年年底，隐居城虽然一度竣工，但在一场大火中付之一炬，翌年再度建造。1610年，德川家又建造了名古屋城。

和江户城一样，这些工程都是"天下普请"，由藤堂高虎圈绳定界、中井正清建造。名古屋城在1614年完工。包括早已完成的二条城、伏见城在内，江户幕府在东海道的大城郭已有5座，为攻打丰臣秀赖所在的大阪城做好了准备。

德川家康和秀忠为了斩草除根，发动大阪冬之阵战役，其间一度休战。1615年乘胜追击，发动大阪夏之阵战役，终于在五月攻陷号称天下第一固城的大阪城。

德川家康之死

消灭丰臣家后，再也没有任何势力可与德川家抗衡，日本进入和平岁月。安土桃山时代结束，江户时代开始了。

在德川家康目睹丰臣家灭亡之后，翌年的1616年（元和二年）四月，德川家康75岁的漫长人生在骏府城画上句点。根据遗言，他的遗体暂厝久能山，之后移至日光东照宫。

江户城也在红叶山建造了祭祀德川家康的东照宫。从此之后，德川家康可以在红叶山上静静地守着江户町。

凿开神田山

进入和平的江户时代之后，为战争而兴建的城郭功能必须加以调整。江户城不仅是将军的居所，也将成为日本的政治中心，因此理所当然要比以往更加完善。

于是，将军德川秀忠决定在之前的"の"字形大扩张计划的基础上，再修一圈右涡旋状护城河。这是江户城的"总构"[1]工程，因此被称为"完善的圈绳定界"。

---

1 总构（総構え）指城郭的外围防御工事，是把城、城下町都用护城河或土垒包围起来。

御茶之水

首先，幕府开始进行江户城东北方的外护城河工程。完成这项巨大的工程得凿开神田山，让平川的水从小石川改道至浅草川，再通向隅田川。直到1620年秋天，这项工程终告完竣。

　　这项工程使之前外护城河的平川大曲、饭田桥、九段下、神田桥和日本桥的河道成为内护城河，而小石川、御茶之水、筋违桥和浅草桥的河道组成神田川，变成外护城河。由此，江户城的总构已在东北部形成，本町周围的町人地也摆脱了平川洪水泛滥之苦，将凿开神田山挖出的泥土填入日比谷湾，使江户町进一步向西南部延伸。骏府的家臣团移居到神田川的南侧台地，当地因此改名为"骏河台"。这一开凿神田山以建设江户町的工程，发挥的不是"一石二鸟"而是"一石四鸟"的作用。

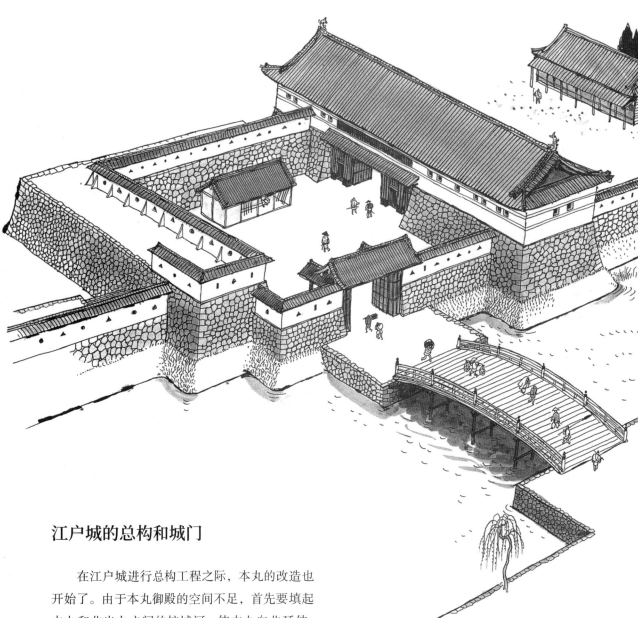

江户城的总构和城门

在江户城进行总构工程之际，本丸的改造也
开始了。由于本丸御殿的空间不足，首先要填起
本丸和北出丸之间的护城河，使本丸向北延伸。
同时，拆除环立式天守组成的天守丸，让天守台
进一步向北侧扩张，重新建造一个外观五层楼的
独立式大天守，地下一层，地上五层。它的外观
虽和德川家康之前建造的天守大同小异，却是对
战事无益的设计，可见建筑结构已充分反映时代

的和平氛围。这项工程在1622年（元和八年）宣
告完成。

翌年七月，德川秀忠将征夷大将军一职传
给长子家光，自己移至西丸隐居。第三代将军德

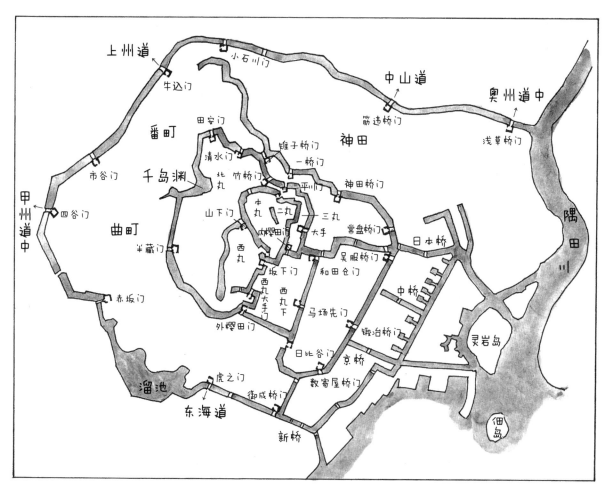

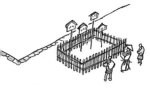

川家光搬进新建的本丸，同时在二丸建造了一个附有茶室的御殿和巨大庭院，作为别馆。别馆于1630年（宽永七年）完成，由小堀远州设计。这处别墅比著名的桂离宫更加奢华。

1632年，秀忠因病去世，但江户城的总构工程仍然持续进行。1635年，工程终于进入最后阶段，江户城西北方开挖外护城河，将流入赤坂溜池的小河与另一侧曲町台地北方的平川支流汇整，使之与之前竣工的神田川相连接。这项工程使流经溜池—赤坂—四谷—市谷—牛込的外护城河，变成以江户城为中心、向右涡旋的"Y"字形护城河，使隅田川可以通往江户港。如此一来，江户城的总构工程终于完成了。

名为"见付"的城门成为"の"字形延伸的护城河的关卡。城门很多，俗称"三十六见付"，主要的为"江户五口"，即东海道的虎门、甲州道中的四谷门、上州道的牛込门、中山道的筋违桥门和奥州道中的浅草桥门。这些地方都由幕府的武士站岗，他们对进入江户的百姓进行检查，同时维护城下町的治安。

江户城完工

　　在江户城总构完成之际，将军德川家光重新建造本丸，作为收尾。从家康、秀忠时代算起，这是江户的第三次大工程，由酒井忠胜担任总奉行，于1637年（宽永十四年）正月正式动工。

　　江户的大木匠师木原义久、京都的大木匠师中井正纯领导江户、京都的优秀木匠、石工（穴太）、泥水匠、铁匠、漆艺师、画师，将大天守、御殿以及祭拜德川家康的东照宫建造得更宏伟、更富丽堂皇。结果他们营造得太过辉煌夺目，让家光受到惊吓，要求重新造得更质朴一些。

　　其间，由基督教问题引发的岛原之乱[1]以及江户城中火灾使得工程一度延宕，但仍于1640年四月竣工。自1590年（天正十八年）起，德川家经历三代五十年光阴所建造的江户城终于大功告成。

---

[1]　1637年在肥前岛原和肥后天草发生农民抗争运动，反对幕府镇压基督教和藩主苛政。

江户城本丸御殿

完工之后的江户城，规模当然是日本历史上前所未有的。"の"字形都市规划核心的内城郭，面积就有 1.8 平方千米；本丸、二丸、三丸、西丸和北丸，根据涡郭式设计，格局巧妙地呈右涡旋状。

当时日本各地城下町的平均面积都差不多，而江户城的内城郭就有一般城下町的规模那么大。由此可见，号称天下第一名城的江户城有多么广大、多么壮观。

江户城内的建筑物数目也十分惊人，有 1 座大天守、21 座橹（望楼）、28 间"多闻"（城中长屋）、99 道门，以及无数御殿和仓库。本丸御殿的结构尤其复杂，简直像一个大迷宫。

从东侧的江户城正面的大手进入，接着走到中雀门。穿过中雀门，就是本丸御殿的所在了，它可以大致分为表（前宫）、中奥（中后宫）和

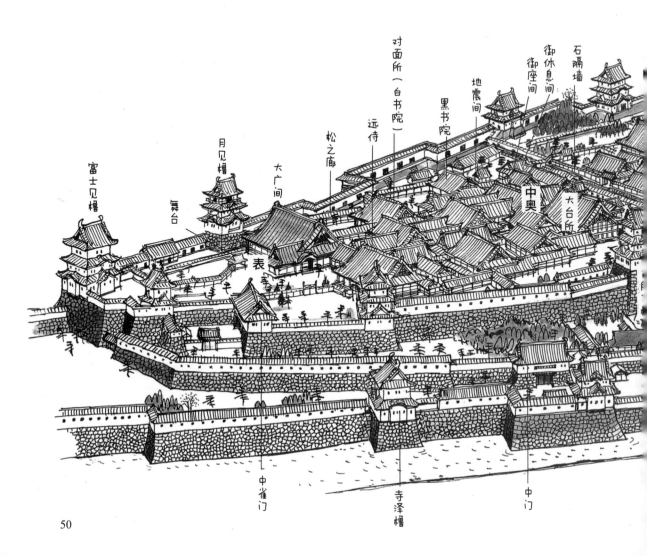

奥（后宫）二部分。

"表"是推动幕府政治的所在，以俗称"千叠敷"[1]的大广间为中心，有对面所（白书院）、黑书院[2]等巨大建筑。建筑内部装饰有名匠甲良丰后和平内大隅精心雕刻的作品，以及狩野探幽等人彩绘的画，有如日光东照宫般色彩华美。

"中奥"是将军的居所，以御座间和御休息间为主，还设有地震时避难用的"地震间"。另有许多服侍将军的侍童的房间，大台所（大厨房）是最有名的大型建筑。

"奥"则是将军夫人和嫔妃的居所。有一道石墙隔在中后宫和后宫之间，管理严格，只有女人可以出入后宫。那里除了有将军夫人居住的御守殿以外，还有无数后宫婢女的房间，是名副其实的深宅大院，也被称为大奥（大后宫）。

---

1 即铺一千块榻榻米。
2 白书院的柱子使用原木，属于对外书院；黑书院则使用上漆或带皮的木材，属于对内书院。

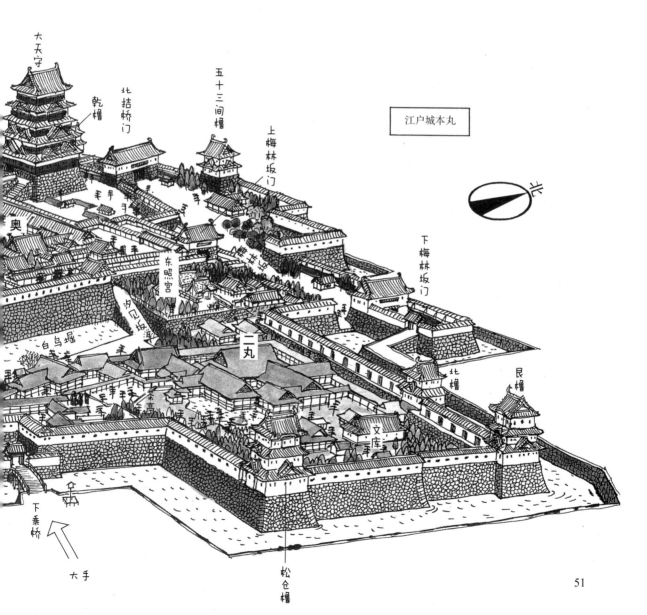

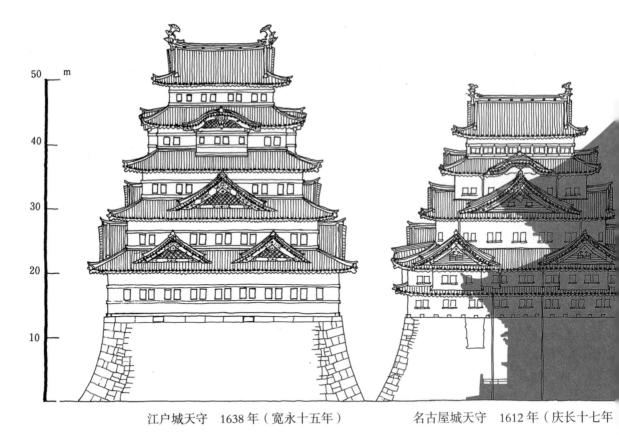

江户城天守 1638 年（宽永十五年）　　　　　名古屋城天守 1612 年（庆长十七年）

1657 年　明历大火。江户城被烧毁。之后未重建天守。	1615 年　大阪夏之阵。丰臣家灭亡。 1615 年　颁布"一国一城令"。 1616 年　德川家康去世。 1632 年　德川秀忠去世。

后期层塔型　　　　　　　　　　前期层塔型

江户城天守

　　建于本丸御殿后方（西北端）的大天守，是日本史上前所未见的高层建筑。在德川家康时代，江户已有环立式设计的大天守，后来由德川秀忠改建成单立式。德川家光第三次重建天守，设计和秀忠时代相同，也采取单立式，规模则稍微扩大，这时的天守成为天下第一的大建筑。

　　天守的历史始于织田信长的安土城。信长在建造安土城天守时，决定建造超越日本第一高的东大寺大佛殿的高层建筑，但其实两者的高度相同。之后的丰臣秀吉和德川家康也曾立志要建设超越东大寺大佛殿的建筑，但直到家光时代，才完成名副其实的日本第一高的建筑。这个天守的样式也是历史上最具规模的。

　　建于 1579 年（天正七年）的织田信长的安土城天守，采用"望楼型"样式，外观三层的城楼上还有二层望楼。三层的城楼和上方的望楼无法

东大寺大佛殿

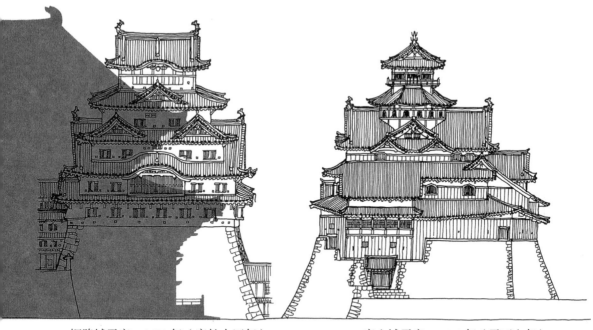

姫路城天守　1609 年（庆长十四年）　　　　安土城天守　1579 年（天正七年）

1582 年　本能寺之变。织田信长去世。
1583 年　丰臣秀吉始建大阪城。
1598 年　丰臣秀吉去世。
1600 年　关原之役。
1603 年　德川家康建立江户幕府。

后期望楼型　　　　　　　　　前期望楼型

一体化，地震和台风时并不十分安全。史料记载，丰臣秀吉的伏见城天守也是望楼型，曾在地震中倒塌，秀吉好不容易才获救。

　　因此，天守的样式逐渐改良，开始从上到下像塔一样一体化。这种样式被称为"层塔型"。1609 年（庆长十四年）的姫路城天守还是旧式的望楼型，但 1612 年的名古屋城天守已采用新的层塔型样式。德川家光在 1638 年（宽永十五年）建造的江户城天守样式更加先进。无论从哪个方向看，无不像是正面，因此这种设计被称为"八方正面"设计。

　　这种样式的天守在遇到地震和台风时丝毫不为所动。虽然是木造建筑，但土墙厚实，屋顶用铜瓦，因而是可以抗火灾的耐火建筑。

　　德川家光大量采用最先进的建筑技术，建造绝对不会倒塌的高层建筑。同时在天守顶装饰闪闪发亮的金鯱[1]，向天下宣告，江户幕府将盛昌千秋。

1　传说是一种能辟邪防妖、压制祝融的兽头鱼身动物。

53

城下的大名宅第

江户是武士之都，江户城周围的武家地建筑令人赏心悦目，尤其龙口附近的"大名小路"一带，谱代大名[1]和外样大名的宅第（日文为屋敷）鳞次栉比，一户比一户奢华。

"日暮门"像日光东照宫的阳明门般华丽，即使看一整天也不会腻。尤其是加藤清正家的正门，是宽达十间（约19.7米）的大橹门[2]，雕刻着

烫有金箔的龙、虎以及巨大的犀牛，即使在夜晚也金光闪闪。

外样大藩的宅第，象征着藩主是一国一城之主，设有和江户城大手不相上下的橹门，四周都是长屋，角落设有二层望楼。将军造访这些宅第称为"御成"，为此大藩还特地建造御成门和御成殿以竭诚款待。

1　指在关原之役前就追随德川家康的大名。
2　橹门（やぐらもん），指镰仓时代之后在武士宅第中设有用来瞭望、射击的高楼的门，分为渡型、楼门型等。——编者注

百间长屋

樱之马场

西行堂

福璃茶屋

莲池

蓬莱岛

大泉水

弁天

水舞台

长桥

福禄堂

唐门

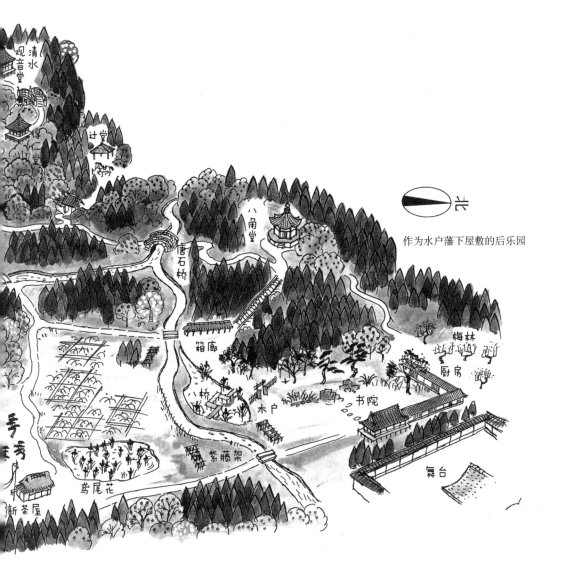

清水观音堂

辻堂

八角堂

唐石桥

箱廊

八桥

水户

紫藤架

鸢尾花

新茶屋

梅林

厨房

书院

舞台

北

作为水户藩下屋敷的后乐园

武士的宅第——武家屋敷

大名在江户建造宅第时，会因应参勤交代制度而建造"上屋敷""中屋敷"和"下屋敷"三个宅第。

在大名小路等江户内城郭里的是上屋敷，方便大名居住在江户时随时去江户城谒见将军。

中屋敷位于外护城河的内侧，供大名夫人和孩子居住，发挥辅助上屋敷的作用。

下屋敷则设置在外护城河的外侧，通常会建造一个大庭院，像是别墅。后乐园就是德川御三家[1]中的水户藩的下屋敷。园中模仿中国风景，建造亭台楼阁，比江户城的二丸庭园更加可观，将军也常常造访。

下屋敷也被称为藏屋敷（粮仓）。面向江户港，用来储存藩国送米的各种物资。

另外，在外护城河的外侧，还有效忠江户幕府的番士（下级武士）的宅第。大部分是长屋形式，像现代公寓一样，很多家庭共同居住。不同于大名的宅第，番士的房子非常朴实。

1　指德川家族的尾张、纪伊和水户三家。

57

传马
（驿马）

飞脚
（信使）

"一里塚"和驿马

幕府在 1604 年（庆长九年）决定以江户日本桥为东海道、中山道、甲州道中、奥州道中和日光道中五大街道的起点。每隔一里（约 4 千米）设置一处驿站，称为"一里塚"（里程标），并且在那里种植高大的榎树和松树，供旅人休憩。

为了便利幕府出公差的人以及方便运送货物，幕府还设置了驿宿站。东海道的

品川、中山道的板桥、甲州道中的内藤新宿、日光道中和奥州道中的千住，是头等驿宿站。

驿宿站的驿马制度健全。各驿宿站都配备一定的人力和马匹，将货物运到下一个驿宿站，这个制度被称为"宿继"。比方说，从江户的日本桥向东海道出发，到京都的三大桥，共计五十三次宿继。人们所说的"东海道五十三次"即由此而来。

在江户町中，大传马町、南传马町和小传马町，发挥着传马（驿马）站的作用。大传马町和南传马町负责五大街道的宿继，小传马町则负责来自江户近郊的货物。

此外，在没有电信、电话的时代，"飞脚"（信使）承担了传递信息的工作。"飞脚"有三种，分别是幕府设置的"继飞脚"、各大名使用的"大名飞脚"以及百姓使用的"町飞脚"。他们还可分为送信、钱和小件行李的。他们从江户送信到京都要 90 个小时，特快件也要 60 个小时。

江户港

参勤交代制度使全国的大名和武士聚集在江户，这使江户成为一大消费都市。刚开始，江户周边的产业发展并不足以供养迅速增加的人口，大部分生活物资需要由京都、大阪运入。

江户人十分珍惜经过富士山一路由 53 站驿马接力运来的物资，称之为"京城货"。相反地，江户附近生产的东西质量不佳，被称为"糟糠之物"，江户人根本不屑一顾。总而言之，对新都市里的江户市民而言，京城酒、京城油、京城米、京城盐、京城酱油、京城蜡烛和京城伞，无一不是高级货。

不久之后，这些"京城货"改用大型船只由海路大量、廉价地进入江户。这类船只被称为"回船"，其中负有重任的是"菱垣回船"，因船身有菱形方格的设计而声名大噪。据说从 1619 年（元和五年）开始，和泉国（大阪府）的商人从大阪把棉花、油、酒、酱油和醋运至江户。

在菱垣回船中，有争先恐后把每年新采收的棉花运往江户的"新棉番船"。第一艘抵港的船带来的货物可以在江户卖到很高的价钱。

全国各地的回船进入江户港后，全都停靠在铁砲洲，人们把货物运到名为"濑取舟"的码头，装卸到小船上，经由市内的护城河，在各河岸码头卸货。

江户港

丁堀

灵岩岛

61

河岸鱼市

德川家康进入江户时，从摄津国（大阪府）的佃村带来了一批渔夫，把铁砲洲的浅滩赐给他们，让他们在江户港从事渔业。

渔夫在浅滩筑岛，根据故乡的名字为岛取名为"佃岛"。这就是著名的佃岛渔业的由来。这些渔夫虽然拥有在江户港自由捕鱼的特权，但也有义务将每天捕的鱼送给将军。

送去江户城的厨房后，剩下的鱼可以在市内贩卖。日本桥北桥头的东侧，也就是被称为大（本）船町的河岸一带，是这些渔夫聚集的市集。日本桥的河岸鱼市，生意兴隆而且热闹，成为江户一景。

不久，河岸鱼市沿马路一侧的鱼店开张营业。他们把新鲜的鱼、贝类排在门板上贩卖。有些鱼店在水桶里装入海水，让活鱼在水桶里游动。

这一带常常能听到扛着秤来进货的货郎响亮的吆喝声。出入旗本[1]大久保彦左卫门宅第的那个闻名遐迩的一心太助[2]就在这个河岸鱼市开鱼店。他为人豪爽，是典型的江户人。

1　将军直属家臣中的武士等级，俸禄不及一万石。
2　小说、戏曲中的人物。

上水道

不同于靠山的武家地，町人地是江户港填海而成的，在那里挖井只能抽出海水，根本无法饮用。德川家康在建町之初，便建设了神田上水和赤坂溜池上水工程，但随着江户规模的扩大，人们需要更多的饮用水。

于是，幕府将水从神田上水水源地小石川大沼上游的井之头池引入江户市。中途汇聚了善福寺池和妙正寺池的水，小石川上设置了闸门，水从汤岛、神田台的下方经过，供应小川町一带的用水。之后，在进行神田川工程时，人们建造水道桥，跨越神田川，在江户市埋设木管，供应下町一带的用水。

由于江户迅速成长，这些供水仍无法满足江户市所需。1653年（承应二年），幕府废除赤坂溜池上水，重新开展玉川上水的工程。他们从羽村引得多摩川河水，兴建了途经川崎、小金井、田无、吉祥寺、久我山、高井户、代田、代代木、角筈、千驮谷等29个村，长达13里（约52千米）的上水道。经过四谷大木户之后，上水道被埋入地下，利用在四谷门外的导水管分成三

木管

井筒

呼樋

架在神田川上方的上水道导水管

条水路。第一条水路供应江户城内，第二条供应曲町一带，第三条水路从四谷传马町一带往纪伊国，绕过溜池东侧，再由虎门到芝、筑地、八丁堀和京桥，供应沿途各地。

使用木管引入市区的水，用名为"呼樋"的竹筒分流，蓄积在倒置的酒樽般的井筒内，被汲到地面后就成为居民的饮用水。这些水只能用于饮用，洗衣服之类的杂务只能使用一般井水。

町屋的建设

  町奉行管理四十丈见方为一町的町人地。町奉行身边有町人的代表"町年寄"，实际管理江户市中的大小事务。

  德川家康入江户时（1590），任命奈良屋市右卫门、樽屋藤左卫门为町年寄，两年之后，又任命了喜多村弥兵卫。他们全都来自德川家的旧藩

国，奈良屋在本町一丁目、樽屋在本町二丁目、喜多村在本町三丁目分别安排居所，名为"御役所"。

每个町年寄身旁都有一个"名主"[1]，是原本住在附近的町人，通常都曾参与新江户町的兴建，常被称为"草分名主"[2]。在江户开府时即有贡献的町人，被称为"古町名主"，广受尊敬。通常，一位名主管理5—8个町。

江户最初建造的町屋，都是茅草屋顶的房子。公元1601年（庆长六年），骏河町的一场大火把市内全烧光了，在那之后，就改为木板房。当时，京都的町屋大部分已经是两层楼的瓦房，而江户还算是乡下小镇。本町二丁目的泷山弥次兵卫在马路沿途建造昂贵的瓦屋，广受好评，被称为"半瓦的弥次兵卫"。可见瓦顶的町屋在当时还很少见。直到第三代将军德川家光时期，江户的繁荣才足以和京都相提并论。瓦顶二层楼房逐渐普及，町角处还建起三层楼的房子。町数也终于达到三百町，不久之后，这些町被称为"古町"。在整个江户时代，古町受到幕府特别的关爱。比方说，每次换将军时，古町的町人会受邀进入江户城，享受和武士相同的待遇，一起观看能剧。

1　相当于里正。
2　相当于里正元老。

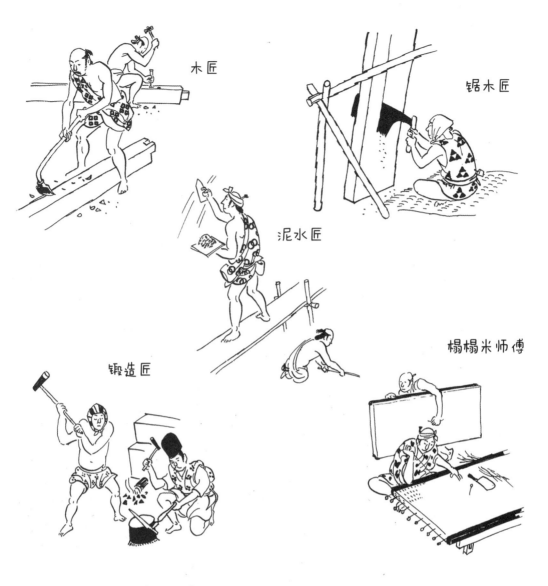

木匠

锯木匠

泥水匠

锻造匠

榻榻米师傅

铸造师傅

职人町

　　刚建江户町时，町人的住宿是由幕府免费提供的，住在该地的町人必须接受幕府安排的各项工作。于是，幕府就让相同行业的人集中在一个地方居住。

　　职人（工匠）居住的町被称为"职人町"，各行各业分别住在不同的区域：

　　染坊师傅（藍染屋）——神田绀屋町、南绀屋町、西绀屋町、北绀屋町

蜡烛师傅

木桶师傅

桧物师

染坊师傅

制鞘师傅

漆艺傅

　　木匠（大工）——元大工町、南大工町、神田横大工（番匠）町、竖大工町

　　锻造匠（锻冶）——神田锻冶町、南锻冶町、樱田锻冶町

　　泥水匠（左官）——神田白壁町

　　锯木匠（木挽）——大锯町

　　榻榻米师傅（畳屋）——迭町

　　铸造师傅（铸物师）——神田锅町

　　木桶师傅（桶屋）——桶町

　　桧物师（桧物师）——桧物町[1]

　　武器师傅（铁砲匠）——铁砲町

　　制鞘师傅（鞘师）——南鞘町

　　在职人町，不同行业各有一名首领，听从幕府的命令，再把工作分配给手下工匠。技术特别优异的工匠被称为"御用达职人"，很受重视，可以像武士一样随身带刀。

1　用桧木制作容器的师傅。

 ## 商人町

当江户的繁荣程度超越京都后，全国各地的商人纷纷聚拢而来。其中以伊势（三重县）、近江（滋贺县）和京都的商人最为活跃。伊势是棉花产地，商人利用前往江户的回船，大做浓尾平原的特产生意（纸、厨房用具、发油和茶等），在江户挂起"伊势屋"的广告牌。当时，民众形容江户町中最常见的东西就是"伊势屋、稻荷（五谷神）和狗大便"。

然而上方商人[1]经营的是高级货。京都和大阪的总店从全国各产地进货后，在江户设店贩卖，称为"江户店"。

大型的江户店几乎都开在大传马町。町内设有传马役[2]，全国各地的特产自然汇聚于此，商店也越开越大。

---

1 上方泛指京都附近。
2 提供驿马的地方。

自身番屋　　　　　　　木户　　　　　高札场

木户、自身番屋、高札场

　　"の"字形扩展的护城河所围成的江户町，每一町都设有一道名为"木户"的木门。木户位在町的边界，旁边还有"木户番屋"岗亭，在岗亭内值班的人被称为"番太郎"。白天，中央的木门敞开，可自由通行；晚上十点关门，可维持町内的治安。

　　江户市中大兴土木，人心浮动，经常发生争吵和试刀杀人[1]，令幕府疲于奔命。

1　当时武士为了测试刀剑的锋利程度或武艺，常在夜晚出其不意地杀人。

　　1628年（宽永五年），在武家地设置了"番所"岗哨，町人地也设置了"自身番屋"[1]。原则上，各町都会在木户旁设自身番屋。虽然和木户番屋相似，"自身番屋"更像是町官吏集中的警察派出所，负责守卫町内的警备工作。附近还兴建了观火的望楼，用于火警通报。

　　在町内，由家主组成"五人组"的邻里组织。幕府的各种命令由上而下经町奉行、町年寄、町名主传达给五人组，也会直接公布在"高札"[2]。高札通常设在热闹的街道上，使人一目了然。最早的高札场设在日本桥南侧，不久，市内已设置了数十个。

1　自治岗哨之意。
2　布告栏之意。

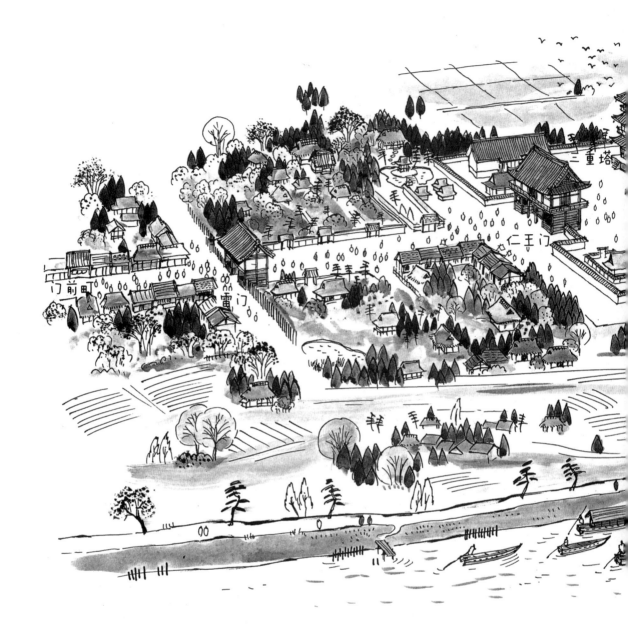

三重塔

仁王门

门前町

雷门

热闹的寺社地——浅草寺

随着町人地逐渐繁荣昌盛，寺社地也渐渐热闹起来。

寺社地沿着外护城河设置在交通要道上，其中东海道的增上寺、中山道的宽永寺和奥州道中的浅草寺最有名。

浅草寺自古就在隅田川畔，是江户最古老的寺庙。德川家康进入江户后，将这座历史悠久的天台宗寺庙作为德川家的祈愿所。

1594年（文禄三年），当奥州道中的千住大桥架在隅田川上游的荒川之后，浅草寺门前成为

东照宫

三社权现

钟楼

本堂

隅田川

奥州道中的入口，这里突然变得热闹起来。

这一带属于低洼地区，居民饱受荒川洪水泛滥之苦。于是1621年（元和七年），幕府在浅草寺的东北方修筑了堤防。当时修建该工程动员了日本各地的大名参与，因此此堤又称"日本堤"。

修建日本堤后，浅草寺成为一个安全的地方，江户人纷纷来此造访，在隅田川上乘游船玩乐。沿着门前町往前走，走过雷门、仁王门，进入浅草寺，左侧是三重塔，右侧是五重塔，正前方是带有舞台的本堂。在此参拜观音后，可进入左侧后方的东照宫，祭拜德川家康的英灵。右侧后方是祭祀三社先生[1]的三社权现（三社権現）[2]。三月十七、十八日两天举行的三社祭，和山王祭、神田祭并列为江户三大祭。

1 浅草寺的三位创建者。
2 祭祀三社先生的神宫，1873年（明治六年）改名为浅草神社。——编者注

上野宽永寺

除浅草寺之外，净土宗的增上寺也是历史悠久的寺庙。德川家的故乡就在净土宗昌盛的三河（爱知县），因此他们在江户时会到增上寺祭拜祖先，视之为菩提寺[1]。1592年（文禄元年），幕府将小田原的誓愿寺移至神田，并在江户建造了许多净土宗的寺庙。

---

1 安置祖先的墓、举行葬礼和法事的寺庙。

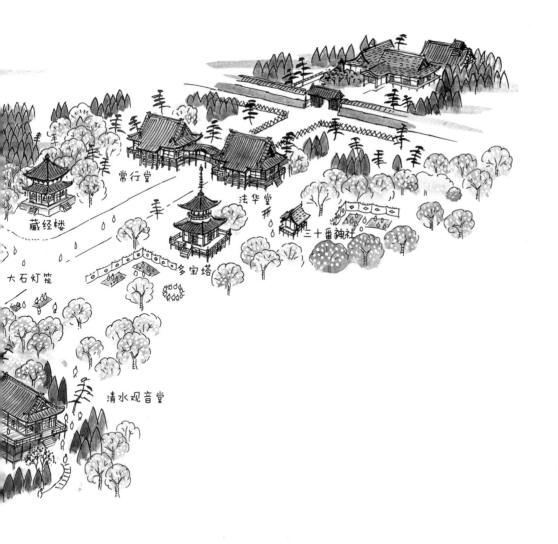

藏经楼　　常行堂　　法华堂　　三十番神社　　大石灯笼　　多宝塔　　清水观音堂

幕府也很重视天台宗的寺庙。除了浅草寺以外，在1624年（宽永元年），他们选择在相当于江户城鬼门（东北方）的上野建造天台宗的大寺。京都在建平安京时在鬼门方位的比叡山建造了延历寺，因此江户则取东方的比叡山之意，将这座大寺命名为"东叡山宽永寺"。

整座上野山都属于宽永寺。寺庙在面向江户的南端建造仁王门。参照奈良和京都的大佛殿，将大佛座像安置于仁王门左侧；仁王门的右侧，模仿京都的清水寺建造了清水观音堂。沿着中央的参拜道北进，可以看到"大石灯笼"。大石灯笼的左后方是设有五重塔的东照宫。沿着参拜道继续向北，右侧有多宝塔，左侧是钟楼、藏经楼，正面有一座桥。这座桥看起来像是天秤，左侧是常行堂，右侧是法华堂，常行堂和法华堂合称为"挑秤堂"。

这些建筑物上都有名匠左甚五郎雕刻的龙。传说他刻得栩栩如生，龙活了起来，一到晚上就去不忍池喝水。

不忍池是仿照比叡山附近的琵琶湖建的。1642年，江户人又仿照琵琶湖的竹生岛筑造了弁天岛。之后，可以从岸边的石桥前往弁天岛。

于是，上野的山上建造了许多和京都相仿的名胜。在春暖花开的赏花季节，整座山上人山人海，人们在此跳舞喝酒，好不热闹。

山王社

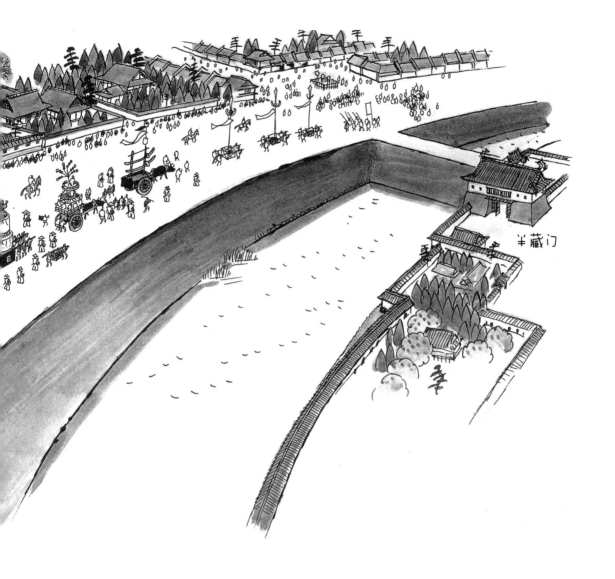

半藏门

山王社、神田明神和天下祭

在寺庙发展的同时，我们也不能忘记基督教。基督教早在1549年（天文十八年）就已经传入日本，历经织田信长、丰臣秀吉的时代。德川家康也曾在江户建造教堂。据说它建于1599年（庆长四年），但无法考证，也不知地点。1611年，幕府禁止基督教传播，拆毁教堂。两年后，22名信徒被判死刑。

之后，岛原之乱爆发，幕府为阻止基督教传播，推行以佛教为基础的"改换宗门"政策。法律规定所有居民必须信仰佛教，由寺社奉行加以

督导。就像町奉行管理町人地一样，江户市中的寺社地也归寺社奉行管理。

神社也在寺社奉行的管辖范围内。江户的神社，最有名的是山王社和神田明神。山王社庇护江户西南部的町人，神田明神庇护江户东北部的町人。两大神社举行的祭礼是幕府公认的"天下祭"。每隔一年，山王社和神田明神分别在六月十五日和九月十五日举行盛大的祭礼。祭礼需要高额的费用，甚至有人不惜为此举债，为此幕府颁发限制令，但喜欢祭礼的江户人根本不予理会。

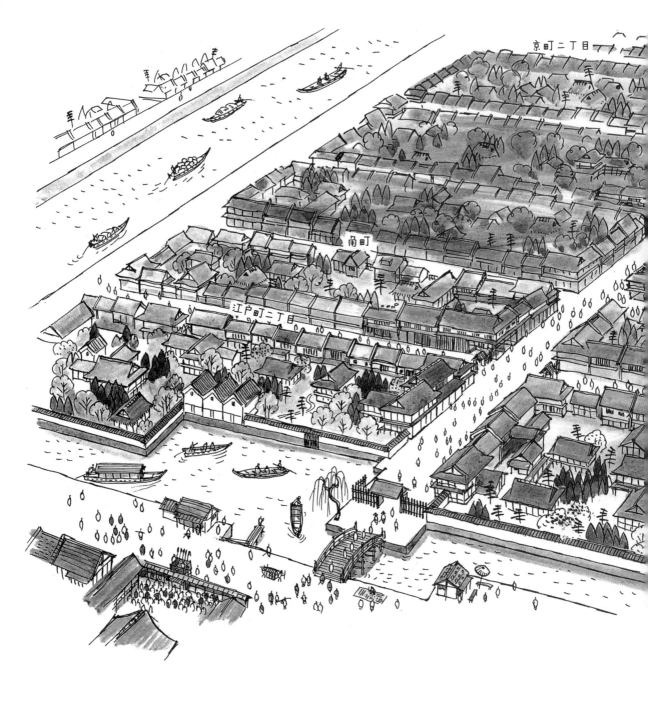

京町二丁目

南町

江户町二丁目

钱汤和游郭

德川家康进入江户五十年后，江户町仍处处大兴土木。举目所见皆是做粗工的壮丁，很少看到女人。一般都市的男女人口数量几乎相同，但在当时的江户，女人还不到男人的一半。

那时候的江户是一个尘土飞扬、煞风景的地

方。于是，被称作钱汤的付费澡堂的生意开始兴隆。在江户町兴建不久的 1591 年（天正十九年）夏天，一个名叫伊势与一的人在钱瓶桥下开了一间钱汤。到了 1630 年（宽永七年），每个町都有一间钱汤，钱汤中有"汤女"为男人洗澡、搓背。

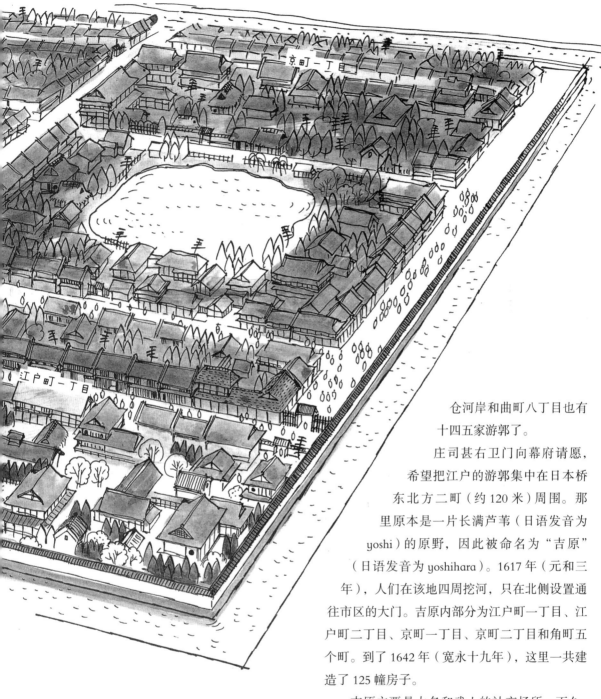

京町一丁目

江戸町一丁目

仓河岸和曲町八丁目也有十四五家游郭了。

庄司甚右卫门向幕府请愿，希望把江户的游郭集中在日本桥东北方二町（约120米）周围。那里原本是一片长满芦苇（日语发音为yoshi）的原野，因此被命名为"吉原"（日语发音为yoshihara）。1617年（元和三年），人们在该地四周挖河，只在北侧设置通往市区的大门。吉原内部分为江户町一丁目、江户町二丁目、京町一丁目、京町二丁目和角町五个町。到了1642年（宽永十九年），这里一共建造了125幢房子。

吉原主要是大名和武士的社交场所。不久，有钱的町人也开始出入此处。不同于钱汤，人们在这里可观赏有教养的漂亮妓女载歌载舞，然后品茶，享受一夜之欢。

当时，"游郭"[1]比公共浴室更加热闹。莺莺燕燕和男人在游郭内寻欢作乐，到了1610年（庆长十五年），道三河岸已有20家"游郭"，镰

1　妓院。

芝　居

"芝居"[1]和吉原一样，是江户市民可以不拘身份出入的社交场所。

1603年（庆长八年），京都出云大社的巫女[2]阿国穿上男装跳舞，深受好评。这就是歌舞伎的起源。不久，这种戏剧就在鸭川河畔搭起的芝居小屋[3]中开始演出，立刻广受欢迎。歌舞伎也传到了江户，令武士和町人为之疯狂。

1624年（宽永元年），江户在日本桥和京桥之间的中桥海岸旁，搭建芝居小屋。虽也有马戏团表演和人形芝居[4]，但歌舞伎演员中村勘三郎的

1　指戏剧，也指演戏的园子。
2　指在神社服务，从事请神、祈祷工作的未婚女子。
3　戏台。
4　使用人偶表演的戏曲。

中村座在江户引起广泛讨论，之后，江户的歌舞伎便盛行起来。1632年，中村座搬迁至吉原北侧的祢宜町。

1634年，村山又三郎的村三座（之后的市村座）设在吉原的西邻町。这里有都传内的都座，又有祢宜町的芝居，成为江户最热闹的场所。

到了1642年，木挽町开设山村座。1660年（万治三年），又开设森田座。堺町的中村座、市村座和木挽町的山村座、森田座并称为"江户四座"，在全国打响了名号。

歌舞伎者

　　第三代将军德川家光将江户幕府的各种制度加以整合，以此奠定了德川和平统治天下二百五十年的基础。人们早已忘却硝烟弥漫的战国时代，在战争中逞凶斗狠的武士的骄傲变得毫无意义。

　　特别是年轻的武士找不到生命的意义，便趁着年轻气盛，成群结党，四处挑衅。这些人被称为"旗本奴"，那些模仿他们恶劣行径的町人被称为"町奴"。

　　京都流行一些令人瞠目结舌的奇装异服和发型，如此打扮的人被称为"歌舞伎者"和"男伊达"。繁荣的江户也跟着流行这些。幡随院长兵卫是这些年轻人的典型代表，他的故事被编成了戏剧上演。这些人又逐渐被时代淘汰，成为跟不上时代的落伍者。他们的这种反抗虽很空虚，但也算走在流行前沿，十分有趣，还颇受欢迎。

明历大火

　　1644 年（正保元年），江户市区的面积已达到 44 平方千米，成为日本第一大都市。第二名的京都只有 21 平方千米。曾几何时，江户已超越自古即为文化中心的京都，成长为相当于两个京都的大型都市。可以无限发展的“の”字形都市规划终于发挥威力。江户市民个个高枕无忧，无不认为和平、丰衣足食的时代会一直持续。

　　1651 年（庆安四年）四月，将军德川家光 48 岁壮年暴毙。之后，江户一直笼罩在一股不安的气氛中。从由井正雪之乱开始，各种暴乱一一出现。江户町内甚至有人故意趁着有风的日子放火。

　　自 1657 年（明历三年）元旦后的第二天起，各地频繁发生火灾。江户市民整天听到通报火警的半钟声[1]，多日夜不能寐。

　　正月十八日一大清早，西北风呼呼地吹，整个江户町满是风沙。下午二时左右，本乡丸山本妙寺发生火灾，大火立刻蹿上天空，向汤岛、神田方向蔓延。火舌吞噬了房舍，江户市民陷入一片混乱。路上挤满了带着细软逃命的民众，甚至有人遭货车碾毙。

　　火势很快蔓延到日本桥一带，八丁堀、灵岩岛、铁砲洲和佃岛也相继沦陷。大火甚至越过隅田川，烧到深川、牛岛、新田一带。江户下町化为一片焦土，浅草门和灵岩岛上死伤无数。到了翌日凌晨两点，火势才终于受到控制。

1　半钟为小型吊钟，挂在火警望楼，一有火警就会敲响。

天守起火

　　噩梦般的一晚终于过去了。到了十九日早晨，风势依旧很大，上午十点左右，小石川传通院正门下的与力屋敷，又蹿出火苗。

　　强风助长，火势迅速蔓延，烧到了附近的水户家下屋敷，在薄木片屋顶的助燃下，逼近竹桥门、牛込门、田安门附近的外护城河。

　　大火最终烧到江户城北丸，幕府重臣的宅第迅速化为一片火海，拥有金色兽头瓦的五层楼的大天守也陷入大火。

　　这时，空中刮起了龙卷风。原本天守外部涂了黑灰浆，采用了绝对不会燃烧的耐火建材，但这意外的龙卷风把窗户吹开，火舌一下就蹿入窗内，蔓延到天守内部。更可怕的是，附近的弹药库也发生了爆炸。

　　巨大的火柱直冲上天，本丸、二丸、三丸的豪华建筑皆付之一炬，将军德川家纲费尽九牛二虎之力才逃到西丸避难。下午一点，民众甚至不知将军死活，城内陷入一片恐慌。

　　猛烈大火进一步烧到大名小路。大名宅第屋顶瓦片碎裂的声音就像百雷轰顶般惊人，被压在瓦砾堆下的民众的惨叫声，响彻烧红的

天空，这里简直变成了人间炼狱。

　　傍晚，曲町五丁目的町屋又冒出火苗。一转眼的工夫，火势就向南蔓延，烧到了樱田一带的大名宅第，然后沿着外护城河南下，使得山王社至日比谷、芝以及增上寺的一部分化为灰烬。到了海岸附近，火势才渐渐消退。

　　凭着最先进的技术，按照"最完善的圈绳定界"进行设计，历经家康、秀忠、家光三代，耗费五十年光阴才建造完成的江户城，在短短两天之内就不复存在。5万，甚至10万人的亡灵，在无情呼啸的寒风中徘徊。

　　这场俗称"振袖火事"的明历大火，让繁荣的江户町化为一片荒芜的野地。

解　说

内藤昌

太田道灌

一、今昔的地理比较

重新整理前面介绍的江户町建设过程，可将之归为四个阶段。

◇ 第一次建设：从德川家康入江户的 1590 年（天正十八年）到 1602 年（庆长七年）。德川家管辖关东地区，建立城下町的时代。

◇ 第二次建设：德川家康成为征夷大将军的 1603 年（庆长八年）至德川家康去世的 1616 年（元和二年）。家康、秀忠建设幕府首都的时期。

◇ 第三次建设：1617 年（元和三年）至德川秀忠去世的 1632 年（宽永九年）。秀忠、家光建设幕府首都的时期。

◇ 第四次建设：1633 年（宽永十年）至家光去世的 1651 年（庆安四年）。家光建设幕府首都的时期。

关于这其中的变化，读者可从《庆长七年江户图》（《别本庆长江户图》）了解第一次建设，从《庆长十三年江户图》（《庆长年间江户图》）了解第二次建设，从《宽永九年江户图》（《武州丰郡江户庄图》）了解第三次建设，从《正保元年江户图》（《正保年间江户绘图》）了解第四次建设。

我们在现代地图的基础上分别复原了这四张图，也就是本书前后衬页的四张图。由此可以比较今昔的地理。

二、城和城下町的圈绳定界（都市规划）

城和城下町是指名为"郭"的外墙和护城河包围的部分。城所在的部分通常被称为"内郭"，外侧包括城下町整体则被称为"外郭"。

日本自古以来就称外郭为"总构"，但在江户时代，几乎没有建造像样的外郭，因此提到"城"时，通常只指内郭部分。

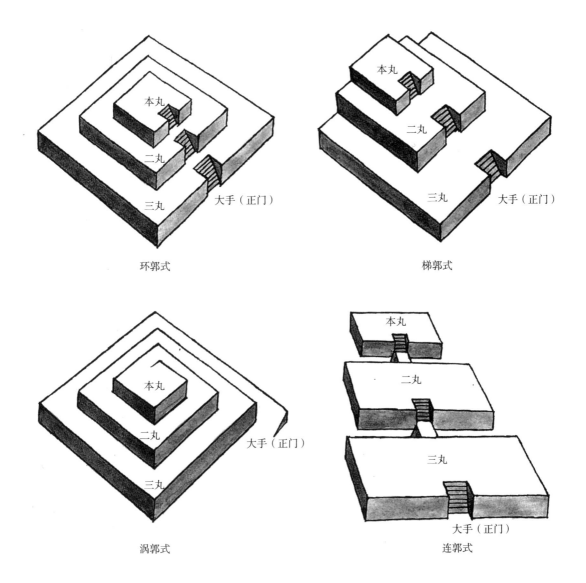

环郭式

梯郭式

涡郭式

连郭式

内郭部分由本丸、二丸和三丸构成。

"丸"也被称为"曲轮",在"城"还是山城的镰仓时代,必须将山顶铲平才能建郭,四周都变圆了,因此称为"丸"。

本丸是城中最重要的地方,城主居住在其中,它也是城主治理国家、运筹帷幄的中心。城中还有附属于本丸的二丸,城主的儿女近亲居住在此。三丸是重臣生活起居的地方,有时候也会在三丸设置粮仓和武器弹药库。

在城的设计上,本丸、二丸和三丸的组合十分重要。

自古以来有许多不同的组合方式,基本上有以下四种方式。

◇ 梯郭式:从三丸的大手向二丸、本丸前进,必须走阶梯,越往里面越高。这是山城或小丘上的平山城经常使用的设计,熊本城就属于这种设计。

◇ 环郭式:以本丸为中心,二丸和三丸环

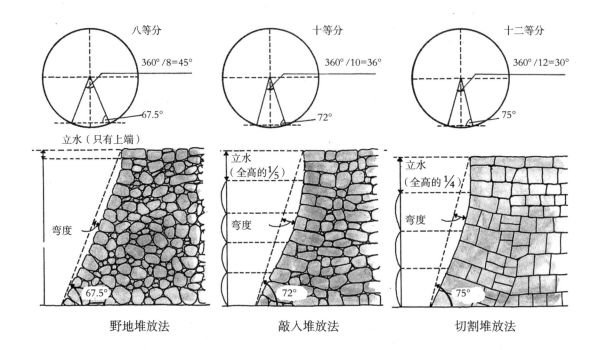

野地堆放法　　　　　　　　敲入堆放法　　　　　　　　切割堆放法

状围在外侧。常见于平山城和建在平地上的平城，大阪城就属于这种设计。

　　◇ 连郭式：从大手到三丸、二丸和本丸呈一直线的结构。平山城也有这种设计，但平城较普遍采用这种设计。诹访高岛城就属于这种形式。

　　◇ 涡郭式：从三丸开始，二丸和本丸皆以涡旋方式向内绕。平城也有这种设计，常见于平山城。江户城和姬路城都属于这种形式。

　　以上四种是基本型，实际的城郭设计经常会结合其中两种甚至三种形式。

　　在大城郭中，除了以上的本丸、二丸和三丸以外，还会设置山里丸（城主别墅所在地，为了赏月通常设在本丸的北侧至东侧）和西丸（位在本丸西侧，城主隐居时的宅第）。

三、石墙的形式

　　城中最有"城"的味道的，就是石墙。自从织田信长建造安土城后，大名纷纷在筑城工程上大显神通，加藤清正等人的家臣，有许多都是砌造石墙的专家（穴太）。

　　石墙所使用的石材都是火山岩系的安山岩、石英斑岩，深成岩系的花岗岩，以及变质岩系的片麻岩等。偶尔也用大理石（熊本县八代城）和绿片岩（和歌山城）。

　　从采石场运来的石头，通常按以下三种方式堆放。

　　·野地堆放法：由完全未经过加工的自然石

块直接堆起，是最古老的方法。古代和中世的石墙都采用这种方式构筑。从外观来看，石头之间的缝隙很大，似乎很容易倒塌，但雨水可以从缝隙流出来，不会积在石墙内，反而很坚固。

· 敲入堆放法：将自然的石块堆起后，只将石墙表面的部分夯平，然后将小石头敲进石块的缝隙中。织田信长在安土筑城后，这种方法十分普及，桃山时代的城墙都采用这种方法构筑。

· 切割堆放法：将石块切割成长、宽、高为2：1：1的长方体后堆放。石块之间几乎没有缝隙。石墙表面好像画了很多线，这些线被称为"目地"（接缝）。当横向"目地"很整齐时，就称之为"布积"。江户初期，"布积"的方法得到发展，江户城基本上就用的是这种方法。有些"目地"会呈六角形，被称为"龟甲积"，江户中期会刻意使用这种方法。

无论是野地堆放法、敲入堆放法还是切割堆放法，石墙转角处都要用切割成长、宽、高为3：1：1的长方体石块堆起。这种方法有点像是把中国发明的算筹堆在一起，因此被叫作"算木堆放法"。

使用不同堆放方法的石墙斜度不同。野地堆放的坡度是将圆形八等分后三角形底角的67.5度，敲入堆放为十等分后的72度，切割堆放为十二等分后的75度。必须注意的是，石墙下方至中央会有一个弯度，使上方与上端保持垂直，这被称为"立水"（与水平方向保持垂直）。堆放方法不同时，立水部分在整体中所占比例也不同，从侧面来看，和寺庙屋顶的"勾配"（斜度）很相似，因此被称为"寺勾配"。

随着堆放石块技术的发展，石墙上端比下端更为突出。从侧面来看，很像宫殿的屋顶斜度，因此被称为"宫勾配"；又像是张开的扇子，因此也被称为"扇勾配"。

参考文献

貝塚爽平　著『東京の自然史』　一九六四年　紀伊國屋書店

蔵田延男　著『東京の地下水』　一九六二年　実業公報社

菊地山哉　著『五百年前の東京』　一九五六年　東京史談会

都政史料館　編『江戸の発達』　一九五六年　東京都

野村兼人郎　著『江戸』　一九五八年　至文堂

千代田区役所　編『千代田区史』　一九六〇年　千代田区

村井益男　著『江戸城』　一九六四年　中央公論社

内藤昌　著『江戸と江戸城』　一九六六年　鹿島出版会

西山松之助　編『江戸町人の研究1』　一九七二年　吉川弘文館

西山松之助、芳賀登　編『江戸三百年1』　一九七五年　講談社

水江漣子　著『江戸市中形成史の研究』一九七七年　弘文堂

諏訪春雄、内藤昌　著『江戸図屏風』　一九七二年　毎日新聞社

鈴木理生　著『江戸の川・東京の川』　一九七八年　日本放送出
　版協会

松崎利雄　著『江戸時代の測量術』　一九七九年　総合科学出版

武田通治　著『測量——古代至現代』　一九七九年　古今書院

堀越正雄　著『日本の上水』　一九七〇年　新人物往来社

堀越正雄　著『井戸と水道の話』　一九八一年　論創社

黒木喬　著『明暦の大火』　一九七七年　講談社

平井聖、河東義之　著『日本の城』　一九六九年　金園社

伊藤ていじ　著『城——築城の技法と歴史』　一九七三年　読売
　新聞社

藤岡通夫　著『日本の城』（改訂増補版）　一九八〇年　至文堂

内藤昌　著『城の日本史』　一九七九年　日本放送出版協会

还有适合中、小学生阅读的——
内藤昌　著『城なんでも入門』　一九八〇年　小学館

后记之一

穗积和夫

在着手画这本书时，我内心的确倍感不安。暂且不谈小村庄或小部落，规模宏大的一国之都的形成，是否可以用绘画的方式来表达？我十分了解内藤大师的构想，也被他的文章所吸引，又获得责任编辑平山礼子女士的大力协助和鼓励，虽然明知道画起来并非易事，但想要用充满趣味的方式画这本书的意愿愈来愈强烈。

参考古代的绘画、屏风绘和相关记录，以综合的、多角度的插图加以表达，就像在翻译古文一样，不仅困难，还有相当程度的冒险。但另一方面，正因为至今为止从来没有人做过这份工作，用我的双手创造一个全新的认识角度，对插画家而言是极富魅力的大挑战。虽然至今仍然无从得知《江户图屏风》的原创者，但其恢宏而细腻的描写，实在令我深感钦佩。

我在东京的下町长大，对江户町有一份关心和执着，但在实际进行这项工作时，才知道自己的才疏学浅。在登上东京铁塔，漫步在皇居本丸公园和上野山内，在古地图中徘徊，熟悉屏风绘的每一个人物之后，我觉得自己对江户有了全新的认识。这份新鲜的感动也成为我投入这份工作的巨大原动力。我衷心感谢这份机缘。

后记之二

内藤昌

　　摩天大楼林立的东京，汇集了现代科学技术的精髓，充分展现其繁荣。为了追求人类的幸福，人类花费漫长的岁月发展科学技术，应用科学技术所建立的都市规划，在建设人类生活环境上发挥了决定性的作用。

　　然而，都市规划并非绝对安全，也无法永久保障良好的生活环境。人们只不过是在不断试错中努力让环境变好一点。绝对不能一味沉溺在先进技术中。

　　江户町的历史告诉我们这个教训。人类愈是掌握先进的技术，就愈容易沾沾自喜。这种沾沾自喜往往让人饱尝地狱般的痛苦。

　　本书介绍江户的建设过程，在如人间炼狱般的明历大火后画上句点。如果江户从此成为一片废墟，就不可能有今天的东京。东京就像一只火凤凰般获得重生，之后，又孕育了歌舞伎和浮世绘等称傲世界的江户文化。这些过程将在下册中加以介绍。

　　本书是我汇集自己的各项研究成果编写而成的。想要进一步详细了解，请参阅相关的参考文献。

1981 年 9 月

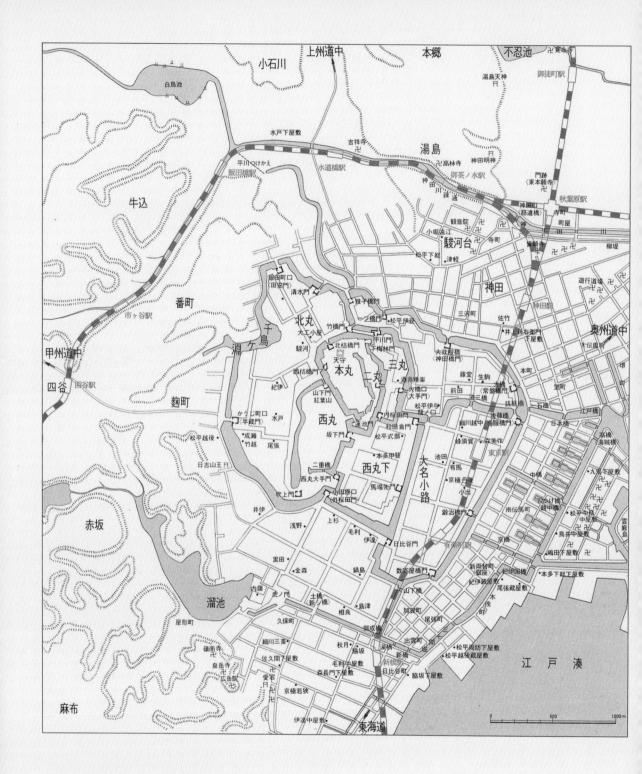

江户第三次建设

1632 年（宽永九年）左右——根据《武州丰岛郡江户庄图》

< > 内是别称或后来的名称

████████ 是现在的 JR

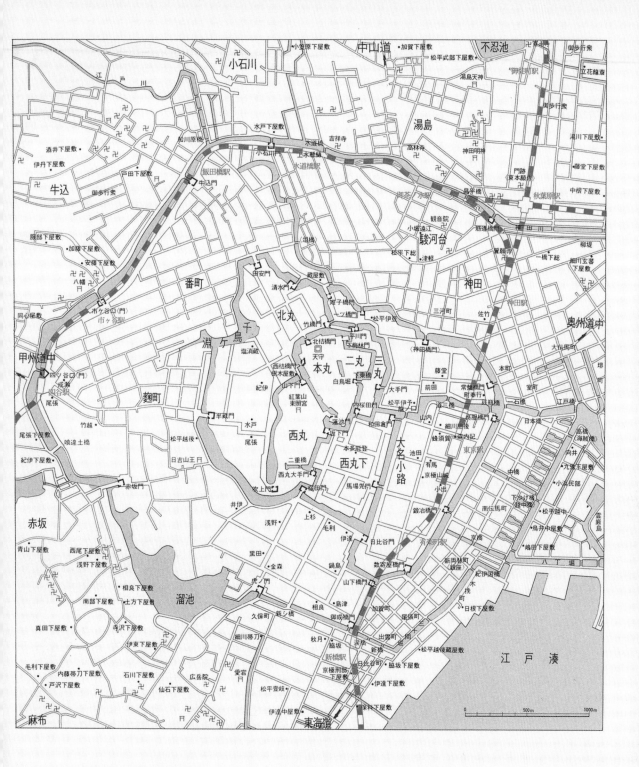

江户第四次建设

1644年（正保元年）左右——根据《正保年间江户绘图》

江户町相关事件年表

西历	和历	天皇	将军	大事纪
1590	天正18			德川家康进入江户城
1591	天正19			挖掘小名木川
1590	天正20			修筑江户城，兴建西丸
1598	庆长3			秀吉去世
1600	庆长5			关原之战
1601	庆长6			在东海道设立传马制（驿马）
1603	庆长8	后阳成	家康	家康成为征夷大将军，在江户建立幕府
				出云的阿国在京都表演歌舞伎
				建造日本桥
1604	庆长9			在五大街道设置一里塚
				发表江户城的大构筑计划
1605	庆长10			江户城开始天下普请
				家康将军一职传给秀忠，自己为大御所
1606	庆长11			江户城本丸御殿完成
1607	庆长12	—1611—		江户城大天守阁完成
1612	庆长17			幕府禁止基督教
1614	庆长19			发生大阪冬之阵
1615	元和元		秀忠	大阪夏之阵。丰臣家族亡
				幕府制定武家诸法
1616	元和2			家康去世
1617	元和3	后水尾		在吉原建立游郭
1619	元和5			开发菱垣回船
1620	元和6			凿开神田山
				在浅草建造幕府的米仓
1622	元和8			在江户城重建大天守
1623	元和9			家光成为第三代将军
1624	宽永元			中村勘三郎在中桥开设歌舞伎的表演小屋
		—1629—		创建宽永寺
1634	宽永11			将谱代大名的妻子、儿女安排在江户
				整顿大名消防员的制度
1635	宽永12		家光	整顿参勤交代制度
				开始江户城的总构建造
1637	宽永14			岛原之乱
		明正		开始江户城本丸再建工程
				制定五人组制度
1638	宽永15			江户城大天守阁完成
1639	宽永16			发布锁国令
1640	宽永17			江户城完成
1642	宽永19	—1643—		在木挽町开设山村座
1650	庆安3			江户大地震
1651	庆安4	后光明		家光去世
				由井正雪之乱
1654	承应3			玉川上水完成
1657	明历3	后西	家纲	江户明历大火（振袖火事）
1659	万治2			重建江户城
				建造两国桥
		—1663—		
1670	宽文10	灵元		远道近道印制《江户大绘图》公开发行
1673	延宝元		—1680—	初代市川困十郎开始"荒事"硬派剧
1683	天和3			三井高利在江户开设兑换店
1683	贞享元			涉川春海制作贞享历
1687	贞享4			发布《生类怜悯令》
1689	元禄2			在本所设置天文台
1690	元禄3		纲吉	完成汤岛圣堂

西历	和历	天皇	将军	大事纪
1698	元禄11	东山		建造永代桥
				开设内藤新宿
1702	元禄15			赤穗浪士的复仇
1709	宝永6			纲吉去世
			家宣	废止《生类怜悯令》
1714	正德4		—1712—	山村座毁于绘岛、生岛事件
1716	享保元		家继	吉宗成为将军
1717	享保2	中御门		大冈忠相成为江户町奉行
				设置大名消防队
1720	享保5		吉宗	设置町消防队"伊吕波四十八组"
1721	享保6			实施目安箱的制度
				设置小石川药园
1726	享保11			进行全国户口调查
1732	享保17	—1735 樱町		享保大饥荒
		—1747 桃园	—1745 家重	吉宗去世
1751	宝历元	—1760		租书店繁荣
1764	明和元	—1762 后樱町		铃木春信制作彩色浮世绘版画"锦绘"
1765	明和2	—1770		目黑行人坂火灾
1772	明和9		家治	杉田玄白、前野良泽等出版《解体新...》
1774	安永3	后桃园		平贺源内成功复原静电产生装置
1776	安永5	—1779		建造高田富士
1781	安永10			歌麿的活跃
				天明大饥荒
1783	天明3		—1786	江户各处频传打劫事件
1787	天明7			谷风、小野川获得横纲证书
1789	宽政元			在石川岛开设收容所
1790	宽政2	光格		宽政的还人政策
				禁止男女混浴
1791	宽政3		家齐	中村座设置旋转舞台
1793	宽政5			昌平坂学问所（圣堂）作为官校
1797	宽政9			江户有75家杂技场
1815	文化12	—1817		伊能忠敬完成《大日本沿海舆地全图》
1821	文政4	仁孝		两头骆驼在两国展览
				天保大饥荒
1832	天保3		—1837 家庆	鼠小僧次郎吉遭到逮捕
1842	天保13	—1846		第七代团十郎被放逐到江户十里四方
1853	嘉永6			佩里将领率黑船来航
1854	嘉永7		家定	日美缔结和亲条约
1855	安政2			安政大地震
1858	安政5			签订《日美通商条约》
				安政大狱
				霍乱、天花流行
		孝明		横滨开埠
1860	万延元		家茂	在神田玉池开设天花预防接种站
1861	文久元			幕府下令缓和参勤交代制
1862	文久2			在两国展示大象
1863	文久3			第一次征伐长州
1864	元治元			第二次征伐长州
1865	庆应元			庆喜成为将军
1866	庆应2		庆喜	大江户捣毁运动
1867	庆应3			大政奉还
1868	明治元	明治		发表《五条御誓文》
				江户城开城
				讨伐上野彰义队
				将江户改为东京

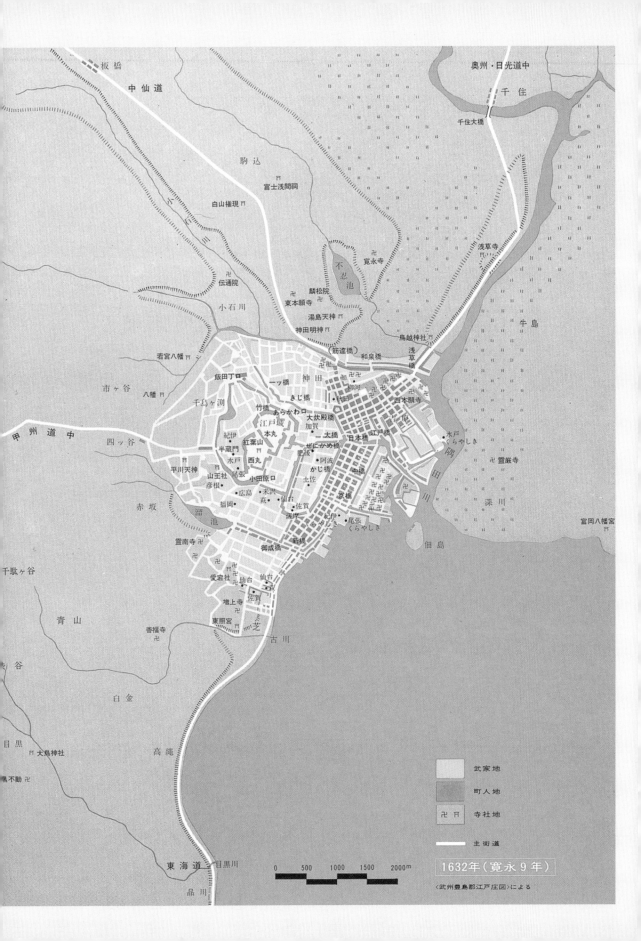

奥州・日光道中

中仙道

板橋

千住

千住大橋

駒込

富士浅間祠

白山権現

伝通院

小石川

不忍池

寛永寺

浅草寺

麟松院

東本願寺

湯島天神

神田明神

牛島

鳥越神社

若宮八幡

（筋違橋）

和泉橋

浅草橋

市ヶ谷

八幡

飯田丁口

一ッ橋

神田

きじ橋

西本願寺

竹橋

あらかわ口

大炊殿橋

加賀

甲州道中

四ッ谷

千鳥ヶ淵

江戸城

本丸

大橋

日本橋

江戸橋

水戸
くらやしき

紀伊

半蔵門

水戸

西丸

紅葉山

ぜにかめ橋

平川天神

山王社

尾張

小田原口

阿波

かじ橋

中橋

彦根

土佐

霊厳寺

赤坂

溜池

広島

米沢

萩

仙台

佐賀

京橋

深川

紀伊

尾張
くらやしき

深川

富岡八幡宮

蓋南寺

御成橋

新橋

佃島

千駄ヶ谷

愛宕社

仙台

仙台

佐賀

青山

増上寺

芝

東照宮

善福寺

隅田川

白金

高縄

古川

目黒

犬島神社

瀧不動

東海道

目黒川

品川

0 500 1000 1500 2000m

1632年（寛永9年）

〈武州豊島郡江戸庄図〉による

文
景
———
Horizon

江户町

（下）

大型都市的发展

［日］内藤昌　著
［日］穗积和夫　绘
王蕴洁　译

上海人民出版社

Kazuo Hozumi /'82

目 录

火灾和争吵是江户的特色

明历大火持续烧了两天两夜，将江户城和江户市街烧得精光，是日本史上空前的大都市灾害。侥幸逃过一劫的人失去了家园，只能披着粗草席忍受寒冷的风雪。

武藏野上　没有可住人的房子
自草席而出　消失在草席中

6

这首狂歌正是在这样的时空背景下，因人们难以忍受苦痛而被创作出来的。在上册（第9页）介绍过，江户建设之前有一首古诗形容武藏野：

武藏野上　没有月亮的藏身之处
自草原而升　消失在草原上

原野一片焦痕、散发尸臭的凄惨景象，对习惯平静生活的江户市民来说，真的是让人欲哭无泪。幕府对源自安土桃山时代的都市规划技术十分放心，做梦也没想到，掌控天下的江户城和江户市街竟然如此不堪一击，转眼之间便化为一片焦土。

然而惊骇是无用的。大火的翌日（1657年正月二十日），幕府的老中[1]松平伊豆守以信纲之名，在关东一带发布文书，安定民心。同时，派信使前往京都、大阪、堺、奈良、长崎、日光、骏府、伊势山田、丰后府内等全国主要都市，传达将军平安无恙的消息。

江户市中开始供应粥食给失去家园的灾民。据说，发放的米粮总计六千石（约900吨）。浅草的幕府米仓也受到大火波及，许多米粮陷入火海，但残存的宝贵粮食拯救灾民免于饥饿。

幕府免除《武家诸法度》规定的参勤交代制度。同时，提供资金援助大名、旗本[2]和御家人[3]，对市街的居民也提供约十六万两的救助。

幕府多方面的救济工作颇有成效。二月，江户市中已可听到重建的铁锤声。将军麾下的江户市民奋勇不懈，成为江户复兴的原动力。

后来江户也曾遭遇大型都市会面临的诸多灾害，但市民认为"火灾和争吵是江户的特色"，每次都能勇敢投入重建工作，抓住进一步发展的契机，同时还创造出歌舞伎和浮世绘等傲世的文化。在江户这座超高密度城市诞生的文化十分特异，广受世界瞩目。本书将介绍个中缘由。

1　江户幕府职制具最高地位与资格的执政官。——译注（下文若无标注，则均为译注）

2　将军直属家臣中的武士等级，俸禄不及一万石。

3　直属幕府的下级武士。

大型都市的实地测量

根据可无限发展的"の"字形都市规划，在明历大火前的1644年（正保元年），江户已成为面积44平方千米的大型都市。当时与江户并列"三都"的京都和大阪，规模都不及江户的一半。日本都市平均面积约2平方千米，放眼全日本，江户可说是异常发达的城市。江户已非最初所定位的安土桃山时代的城下町，而发展成一座大型都市，面临许多新的问题。

就在此时，明历大火让幕府必须立刻面对此类城市灾害。大火之后的正月二十七日，幕府旋即对江户进行实地测量。北条安房守氏长被任命为实地测量工作的负责人，他是幕府的大目付（职责为代替将军监督大名，类似现在的警视厅厅长），也是兵学（研究战争方法的学问）大家。同时，幕府还召集了氏长的养子福岛传兵卫、擅长规矩术的金泽清右卫门、大木匠师铃木修理，以及熟悉江户地理的大道寺友山等人才。规矩术应用今天几何学的技术，是设计都市和建筑的图纸时不可或缺的一门学问。

以前，日本的地图是根据视觉所见绘制的，因此近大远小，无法表示绝对尺寸。这种地图无法显示江户的实际情况，因此人们需要学习正确

的西洋测量术。西洋测量术是"三角测量"的技术，江户初期由荷兰人贾斯帕尔（Gaspar）传入日本。长崎的樋口权右卫门通过七年的学习掌握了这门技术，并称之为"町见术"。金泽清右卫门的父亲刑部左卫门也学习这门学问，受教于父亲的清右卫门本来就有规矩术的学养，很快就能着手制作江户实地测量地图。

制作地图时，一分（约0.3厘米）相当于当时都市规划基本尺寸的京间五间，即以3250∶1的比例进行详细测量，不仅限于市内，还包括江户可能拓展到的深川、本所、浅草、下谷、本乡、小石川、小日向、牛込、四谷、赤坂、麻布和芝等周边地区。

江户实际测量图终于完成，因涉及幕府机密，并没有被公之于世。后在民众的强烈要求下，幕府决定公布，但将江户城内郭留白，以远近道印制作的《江户大绘图》为名，在1670年（宽文十年）由江户的经师屋加兵卫发行；之后又追加《江户外绘图》。至1673年（延宝元年），一组五张的地图已十分普及。从此之后，这份地图被视为最正确的江户地图，一直使用到明治时代。

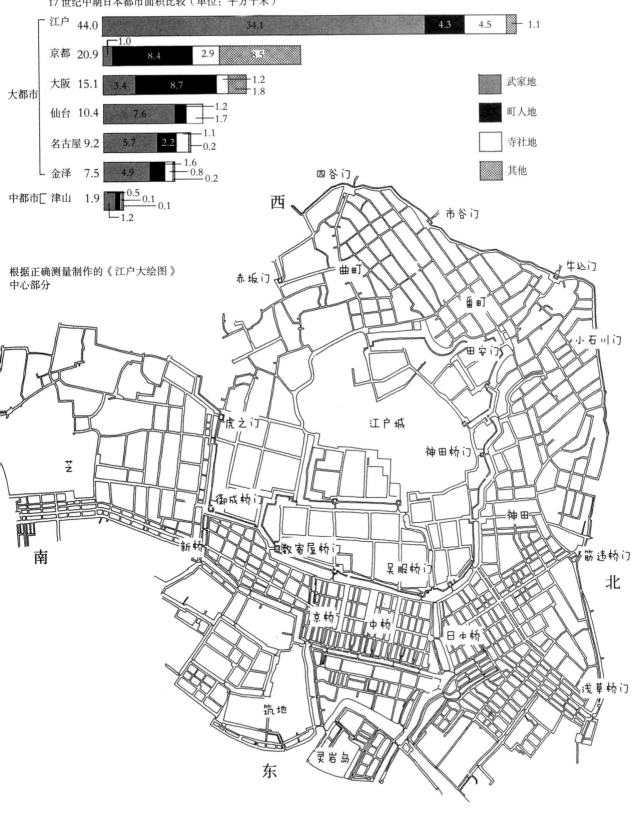

17世纪中期日本都市面积比较（单位：平方千米）

		武家地	町人地	寺社地	其他

大都市

- 江户 44.0 | 34.1 | 4.3 | 4.5 | 1.1
- 京都 20.9 | 1.0 | 8.4 | 2.9 | 3.5
- 大阪 15.1 | 3.4 | 8.7 | 1.2 / 1.8
- 仙台 10.4 | 7.6 | 1.2 / 1.7
- 名古屋 9.2 | 5.7 | 2.2 | 1.1 / 0.2
- 金泽 7.5 | 4.9 | 1.6 / 0.8 / 0.2

中都市 津山 1.9 | 0.5 | 0.1 / 0.1 / 1.2

武家地
町人地
寺社地
其他

根据正确测量制作的《江户大绘图》
中心部分

西

四谷门
市谷门
牛込门
赤坂门
曲町
番町
小石川门
田安门
江户城
虎之门
神田桥门
御成桥门
芝
新桥
数寄屋桥门
吴服桥门
神田
南
京桥
中桥
日本桥
筋违桥门
北
筑地
浅草桥门
灵岩岛
东

江户城的改造

江户实际测量图完成后，幕府在考虑防火措施的同时，开始进行都市改造。

首先是针对江户城的改造。经历了明历大火，幕府始知仅靠一条护城河根本无法隔绝来自城下的火灾，因此，在郭内辟建了"防火区"空地。考虑到关东地区的西北季风特别强烈，把原本位于本丸西北部的尾张、纪伊和水户的德川御三家的宅第迁到郭外。

尾张、纪伊两家在曲町，水户家在小石川

领受了大面积房屋用地，重新建造上屋敷（上宅第）。原有住宅地成为空地，不久变成将军专用的马场和药园，也就是所谓的"吹上御庭"。这根本改变了安土桃山时代的城下町规划的原则：将军近亲被安置在郭内。

三月十五日，江户城的重建工程开始了。幕府命令众大名重新建造遭遇火灾的古石墙。1659年（万治二年），本丸御殿重建完成，屋顶全面改成铜瓦和土瓦，千叠敷的大广间也被简化了。

大火之后一直住在西丸的将军家纲，终于在两年后回到本丸。

本丸西北角的天守台也进行了改建，改建后的规格和大火前的相同。幕府原本打算在天守台建造五层楼的大天守阁，但辅佐将军的将军叔父保科正之认为"在和平时代从远处看到天守阁根本毫无意义，应节省这一庞大开销"，因此未再建造江户的象征大天守阁。自此，江户成为"没有天守阁的城下町"。

改造武家地与寺社地

随着御三家迁到郭外，江户城周围的大名宅第也进行了整建。大名小巷的外样大名宅第必须迁到外护城河之外，房舍原址改为幕府公用的防火地。大火之后，受到许多建筑规范的限制，面宽超过三间（约5.9米）的大建筑都不允许建造，例如橹门和大玄关。自此，色彩鲜艳、雕梁画栋的桃山风武家宅第从江户城下町消失。

自古以来就在城内的寺社地也进行了大规模的改造。比如，以山王祭[1]闻名的山王社从三宅坂移到溜池。另外，神田、骏河台、八丁堀等和町人地相邻的寺庙，早已分散到外护城河之外。日本桥横山町的西本愿寺迁往筑地，神田明神下的东本愿寺迁至浅草，灵岩岛的灵岩寺迁往深川，各自在江户郊外有了新据点。这些地区终于成为新江户的外延地带。

1 山王祭是在江户时代被将军准许进入江户城的著名祭典，也是日本三大节庆活动之一。在双数年份的六月十五日进行名为"神幸祭"的主打巡游，大约500名身穿古装的民众，于东京站、银座等东京市中心街区巡游。——编者注

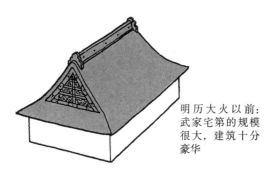

明历大火以前：武家宅第的规模很大，建筑十分豪华

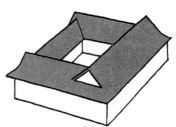

明历大火以后：即使面积相同，由于面宽受到限制，规模变小

大名宅第的大门，因等级不同而规定不同样式

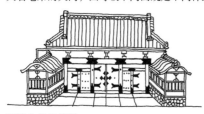

国持大名的等级

5万石以下（外样大名）等级

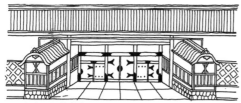

10万石以上的等级

3万石以下的等级

5万石以上的等级

1万—3万石的等级

町人地的改造

江户市中设置了防火地和防火堤，这是町人地的防火措施。

防火地是为了预防大火蔓延所设置的广场，也被称为"广小路"。中桥、长崎町、大工町很早以前已辟建广小路，不久，市中各地都出现了这种将町屋[1]移除后形成的防火地。尤其在通往

中山道的外护城河交通重地，筋违桥门内的连雀町，为了避免火灾波及桥梁而留出防火地，居民移往武藏野的郊外，开拓连雀新田（三鹰市）。

神田白银町至柳原的七个町，全都建造了防火堤。防火堤是高度二丈四尺（约7.3米）的长堤防，上面还种了耐火的松树。日本桥四日市町

---

1 商家。

居民移出连雀町后，筋违桥门内成为防火地

也有沿着日本桥川建造的防火堤。

因此，在市内最热闹的地区，出现了绿意盎然的景观。

除了新设防火地以外，幕府还对町人地重新进行了区域规划。日本桥通町路拓宽为六丈（田舍间十间约18.2米），本町路为京间七间（约13.8米）。此前由于马路过于狭窄，火灾发生时居民避难不及致死，因而将马路从原本的京间三间（约5.9米）拓宽为五至六间（约9.9—11.8米）。

新的町人地规划完成后，幕府制定了全新的町屋建筑规范。禁止先前许可的瓦屋顶或三层楼建筑，规定面向马路的一面必须设置田舍间一间（约1.8米）的屋檐，以便发生火灾时人们能够把梯子架上屋檐，攀爬至屋顶进行消防作业。

全新的建筑规范使江户町焕然一新，原本到处可见的华丽三层町屋在明治时代之前销声匿迹。

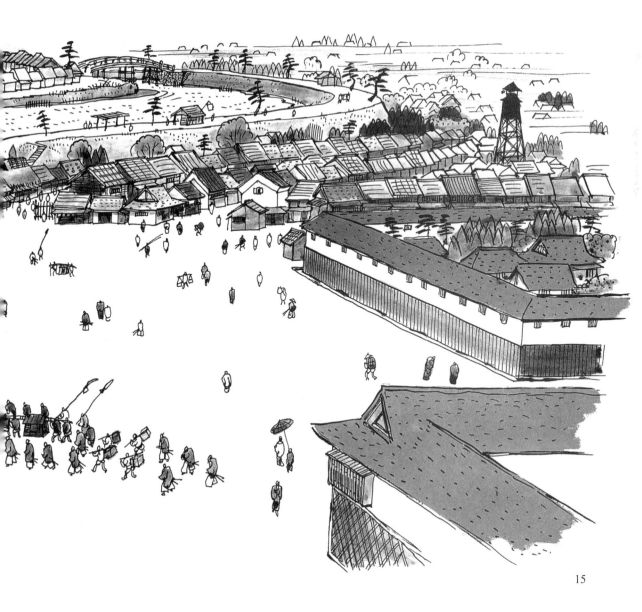

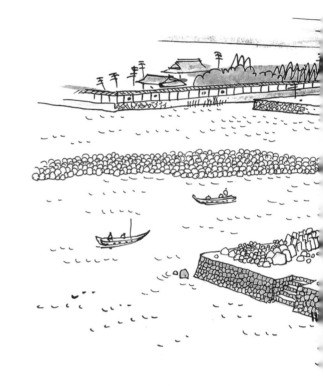

市区的扩大

市中的武家地、寺社地和町人地改造完成后，江户大举向郊外发展。"の"字形的都市规划在这个阶段发挥重大作用。幕府利用这个机会，将旗本和御家人的住宅全部移往郊外，推动了新城的建设。

随着江户市区的扩张，上水道设施得到进一步发展，开凿青山上水，郊外新建武士宅第的青山、赤、麻布等成为良好的居住地。1661 年（万治四年），伊达家协助进行了小石川护城河的拓宽工程，江户港的船从牛込进入，小石川、小日向和牛込一带的农村逐渐都市化。

江户也向西南方向发展，在溜池的一部分、京桥和木挽町的洲崎等地填海造镇。这里就是现在的"筑地"，于是，江户一直扩展到品川一带。

另一方面，许多寺社转移到东北部的浅草一带，日本桥附近的"吉原"搬到浅草寺北方的日本堤附近，扩大了规模，成为"新吉原"，繁荣更胜从前。江户下町的花柳街，也从日本桥迁移到浅草一带。

江户东边的拓展受到了隅田川的限制。隅田川对岸的本所、深川，成为江户生活物资的新贮藏地。明历大火时，放置在市中心材木町、炭町和薪町的木材、木炭和薪柴全都被波及，助长了火势。随着这些地区的发展，江户已不再是武藏一国的都市了。

西本愿寺也迁至筑地

隅田川对岸的深川成为木材贮藏地

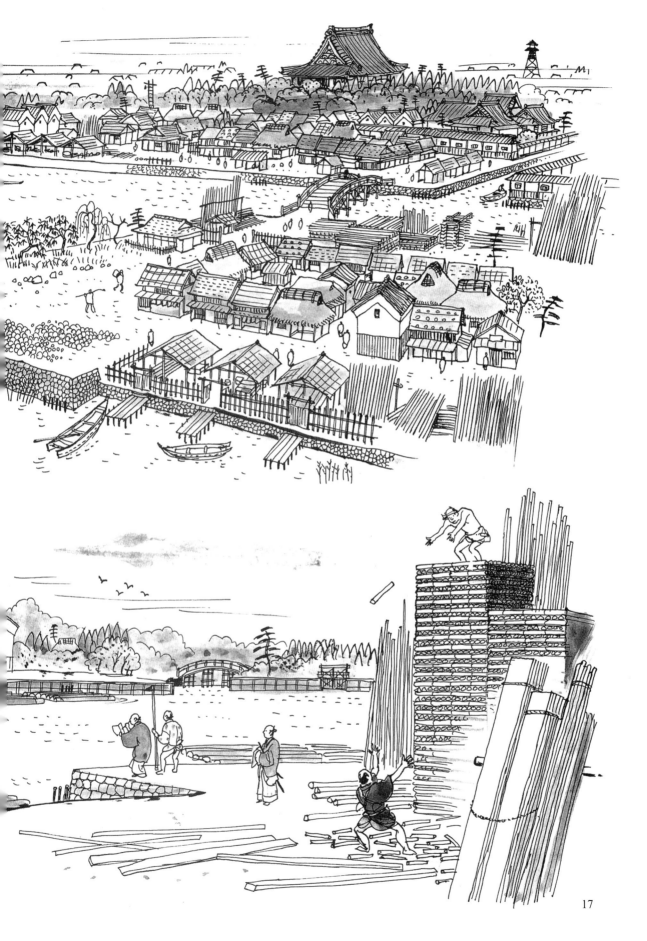

两国桥

　　两国桥是架设在隅田川上的第一座桥，完成于1660年（万治三年）。一开始被称为"大桥"，之后有人认为它是连接武藏国（东京都）和下总国（千叶县）的桥，因此称之为"两国桥"。

　　两国桥是一座长九十六间（约174.6米）、宽四间（约7.3米）的木造桥，是当时日本规模最大的桥梁。桥面呈圆弧形，横跨在空中像彩虹般雄伟美丽，为经历明历大火而陷入悲伤的江户市民带来了重建的勇气。两国桥跨越河流，因此人们走路到邻国的本所、深川十分方便。由此也可以深刻感受到江户不再是武藏一国的城下町而

已，它已成长为一座大型城市——"大江户"。

　　两国桥完成后，隅田川泛滥的低湿地本所一带的填地工程正式启动。划分土地，挖掘水沟，晒干挖出的泥土，采用"干拓"的方法将内部的水排出。从江户城看过去，当地挖掘了纵向的"竖川"以及与之垂直的"横川"，并规划了与之相连接的棋盘状道路。

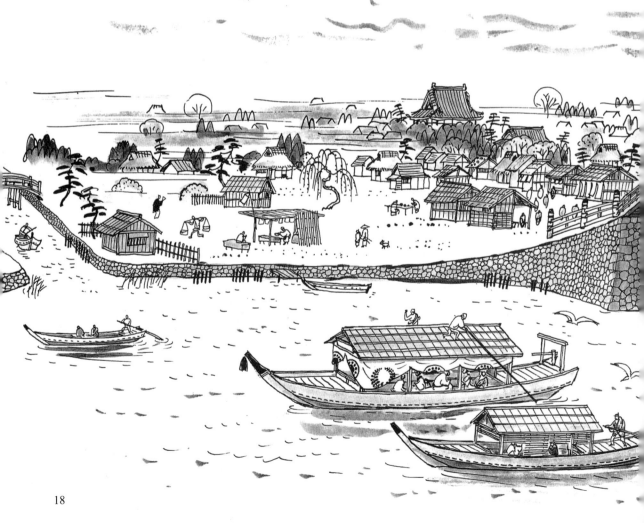

1661 年，本所的排水工程完成，大名的下屋敷开始建设。许多人居住在这里，当然需要大量饮用水。于是，人们从远处的埼玉郡的溜井引水，也就是"龟有上水"。此项工程十分浩大，直到元禄年间（约 1700 年）才完成。

幕府在两国桥对岸建造回向院，命遵誉上人在此为葬身明历大火的民众祈福。不久，回向院成为本所的一大名胜。之后的 1702 年（元禄十五年），因赤穗义士的复仇而有名的吉良上野介的上屋敷，从吴服桥迁到了这里。

本所的南侧，也就是隅田川河口的深川，位于江户城的东南方，因此被称为"辰巳"。幕府的御用船仓库和各大名的仓库全部建于此地，民间的林业工作者也在此建置木材场。从此，充满活力地摇着木筏的船家的身影，成为江户风情诗歌咏的内容。

随着深川一带的开发，民众希望在两国桥下游建造跨越隅田川的桥梁的呼声越来越强烈。新大桥终于在 1693 年（元禄六年）建成，1696 年又建造了永代桥。继两国桥之后，这两座桥的建成，使更多人前往灵岩寺、深川八幡宫的三十三间堂等地参拜。和浅草寺门前一样，这一带也成为大江户的新游乐胜地。

大江户八百八町

明历大火使"江户"蜕变成"大江户"。大火前的都市面积为44平方千米，大火后的宽文年间，面积已达到63.4平方千米。1682年（天和二年）十一月及十二月，蔬果店"阿七"连续发生大火，江户市中大半再度遭焚毁。

每次火灾后，江户都像浴火凤凰般重生，规模也逐渐扩大。对江户市民来说，火灾是灾难，同时也是"江户的特色"，成为江户进步发展的动力。

明历大火前的1630年（宽永七年），江户共

有 300 个町。相较于之后新开发的町，这些町被称为"古町"，受到幕府特别对待。1713 年（正德三年），加上由新增的 259 町组成的"町并地"，江户总计有 933 町。"町并地"就是旧农田逐渐城市化，姑且可视为町人地的地方。由此，在元禄年间（约 1700 年），当地形成了"大江户八百八町"。

武家地的人口约 40 万，寺社地约有 5 万，町人地有 35 万，共计 80 万人口。当时，欧洲第一大城伦敦的人口只有 50 万左右，巴黎不到 50 万。因此，元禄年间的江户，不仅是日本第一大都市，更是世界第一大都市。

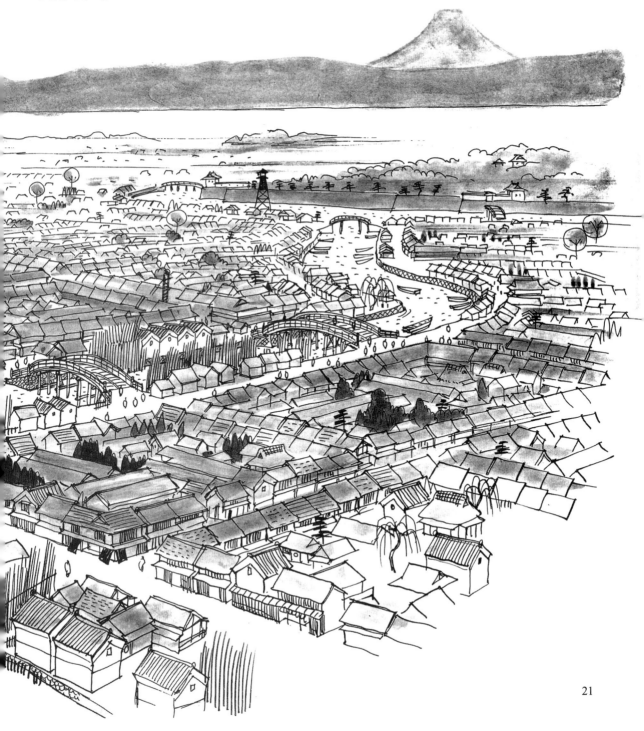

元禄时代

　　天下太平的江户时代已持续近一百年，没有一个武士经历过战争。腰刀变成"无用之物"，在路上行走时没有反而更好。只有发生火灾和争吵时，武士才有战争的感觉。明历大火之后制定的消防制度规定由一名若年寄率领四名四千石以上的旗本寄合众，在御茶水、饭田町、市谷左内坂、曲町半藏门外四个地方各设置一个役宅作为消防所，每个消防所配备约 100 名"中间"组成的名为"卧烟"的消防队。[1] 每次大火，消防队的数量都会增加，到了 1695 年（元禄八年），已

1　若年寄为江户幕府的官职名，是仅次于老中的重要职务，负责统辖旗本和御家人。寄合原指日本中世以后实行的乡村制度中的协商组织，镰仓时期也指武士集团的合议机构，其成员被称为"寄合众"。到了江户幕府时期，成了三千石以上的旗本阶层中无职务者"寄合席"集体的代称，其"合议"的职能已经消失了。役宅（やくたく）是为有特定职责的人居住而设置的住宅。中间，也写作仲间，江户幕府的官职名，负责江户城内警备及其他杂事。——编者注

衣足食的生活。

　　随着江户的急速扩张，町人活跃，最突出的是从伊势（三重县）、近江（滋贺县）和京都方面"下来"的商人。他们在优良的"下方商品"[1]的生产地和集散地设置总店和批发店，并在江户开店（江户店），成为"天下的町人"。

　　最具代表性的是三井高利。他是伊势商人，在松坂靠金融业（银行）和贩售米起家，1673年（延宝元年），在江户本町一丁目开设"越后屋"和服店，并在京都设置批发店。十年后，三井把江户本店搬到骏河町，同时开始经营兑换店。1687年（贞享四年），"越后屋"受命成为幕府的御用和服店。1691年（元禄四年），他的兑换店也成为御用金银兑换店。该店实施"现金买卖，恕不赊账"的新经营方式。

　　1730年代，它成长为京都七家店、江户五家店、大阪两家店、松坂一家店的规模，在全日本共有15个营业据点，这也为今天的三越百货和三井银行奠定了基础。

　　在太平的元禄时代，最有名的町人非纪国屋文左卫门和奈良屋茂左卫门莫属了。每次大火后，他们都负责幕府的庞大建筑工程，成为所谓的御用商人，据说因此累积了丰厚财富。他们出入明历大火后红极一时的新吉原，奢华的程度远远超过大名，在江户备受瞩目。他们将多余的钱财捐献给寺庙，兴建了许多建筑。

经有15支消防队，投入武家地的消防工作。

　　町人地没有这种消防制度。江户市中的町屋平均六年会发生一次火灾，每次火灾过后重建都使城市规模越来越大。一旦遇到火灾，木材、米等生活必需品的价格就会上扬，商人趁机大捞一笔。木工和泥瓦匠的工资也涨得很高，这让他们感到高兴。

　　因此，伤脑筋的只有武士而已。每次遭遇大火，大型武家宅第都得重建。参勤交代制的实施使大名在物价昂贵的江户生活十分不易。于是，大名等武士阶级逐渐没落，町人阶级开始过起丰

没有一天　没有钟卖出　江户之春
　　　　　　　　　　　　——其角

1　以前称皇宫所在地京都一带为上方，其他地方都是下方。

江户歌舞伎

江户歌舞伎最能充分代表元禄的町人文化。上册（87页）介绍过，江户堺町的中村座、市村座与木挽町的山村座、森田座，是幕府所认可的"江户四座"。

相较于"上方"著名演员坂田藤十郎和芳泽菖蒲表演的"和事"（表演和艺伎嬉戏的软派剧），江户的戏剧是以市川团十郎首创的"荒事"（以英雄传为主的硬派剧）为最大特色的。团十郎在1673年（延宝元年）14岁时，首次在江户中村座登台。他的家徽是"三升"，屋号为"成田屋"。他扮演"坂田的金时"（因击败大江山的酒吞童子而出名的平安时代武将，源赖光的部下，乳名金太郎），用红色和黑色油彩在脸上化装，表演激烈的武打场面，赢得满堂彩。惩恶救弱的超人行为，在民风剽悍的江户市广受好评。从此之后，名为"荒事"的武戏就成为深受欢迎的江户歌舞伎。每年十一月的颜见世表演[1]和正月表演也成为忙碌的江户人一年一度的活动。

---

1 所有演员同台亮相表演的节目。

衣裳藏
（戏服仓库）

床山（整发室）

乐师

台

市川团十郎的"荒事"武戏
在江户大受欢迎

芭蕉逆隔田川而上，到达千住，踏上"奥之细道"之旅

芭蕉庵

　　在元禄时代的文人中，松尾芭蕉甚受瞩目。他出生于津藩（三重县）32万石的城下町伊贺上野，从小学习俳句，1672年（宽文十二年）29岁时来到江户。

　　在江户，他先投靠本船町的小泽卜尺。不久之后，榎本其角和服部岚雪等人都拜他为师。弟子中有一位是经营幕府御用海鲜批发店的鲤屋杉风。在杉风的安排下，他搬到鲤屋位在深川元町

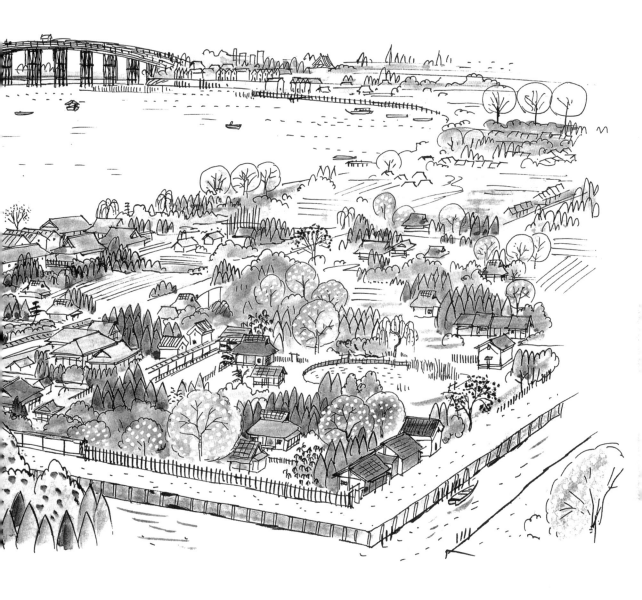

的别墅居住。

虽说是别墅，芭蕉居住时，那只是用鱼塘旁的小屋改造的简陋房子。弟子李下在院子里种的芭蕉长得十分茂盛，因此，人们称这别墅为芭蕉庵，松尾本人也改号为"芭蕉"。

古池　青蛙跳入　水声

这首有名的俳句就是在有老旧鱼塘的芭蕉庵所咏创的。

芭蕉喜欢四处旅行的流浪生活。1689年（元禄二年）三月，他模仿西行法师等古人，展开从陆奥、出羽绕行北陆的"奥之细道"之旅。当时芭蕉46岁，旅途中只有弟子曾良一个人跟随他。

芭蕉将芭蕉庵让给了别人，离开杉风的别墅，搭船逆隅田川而上，遥望着西方的富士高山，心想，不知何时才能看到上野谷中的樱花。到达千住时，他告别了用船为自己送行的弟子。

逝去的春天　鸟儿啼　鱼的眼中尽是浪

书库

校舍

汤岛圣堂和学问所

1680年（延宝八年），绰号"犬公方（将军）"的德川纲吉成为第五代将军。他在1687年（贞享四年），制定了恶名昭彰的恶法《生类怜悯令》。

纲吉没有子嗣，真言宗护持院的大僧正隆光为他祈福时说："禁杀一切生物，尤其将军是戌年生，必须疼惜狗。"于是，他开始为狗设置户籍，在大久保、中野设置大型的狗屋，派专人照顾狗，凡杀狗者，一律处以死刑。直到纲吉去世为止，《生类怜悯令》实施了二十四年，大部分江户市民深受其苦。

虽然有类似的恶政，但不能忽略纲吉在文化

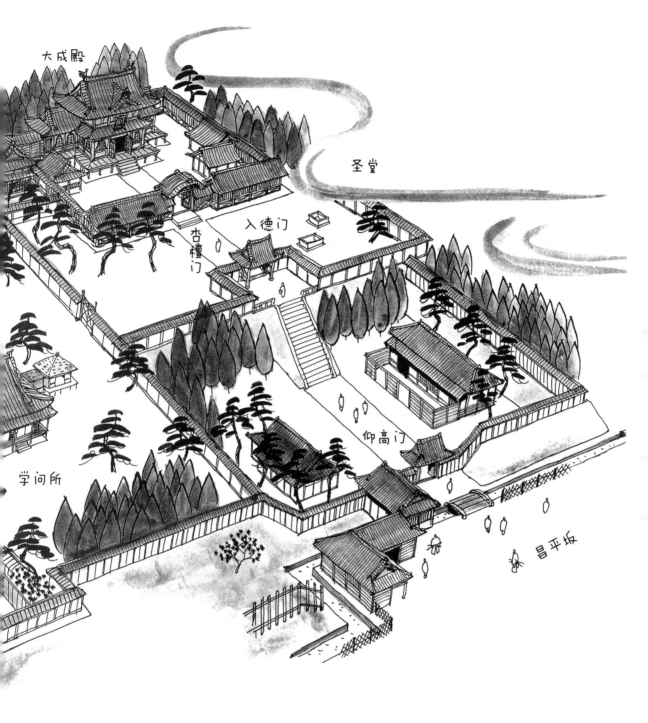

大成殿

圣堂

入德门

杏檀门

仰高门

学问所

昌平坂

促进事业上的功绩。他在大塚建立护国寺，在神田桥外建造壮丽的知足院。在宽永寺内，模仿比叡山，建造庞大的足以和东大寺大佛殿相提并论的根本中堂。

纲吉爱好学问。他将儒学家林罗山在上野忍丘（今上野公园竖立西乡隆盛像的地方）自家所建的孔子庙移到御茶水的神田台，又借幕府之手建造了以大成殿为中心的诸多建筑，组成"汤岛圣堂"。

同时他还建造了附属的学校。根据孔子出生地——鲁国的昌平乡，将神田台称为"昌平坂"，学校则被命名为"昌平坂学问所"。

北

天文台

纲吉设立了许多研究所，比如北村季吟、湖春父子的"歌学方"，以及吉川惟足的"神道方"。在绘画方面，除了传统的狩野派画院以外，还由住吉具庆创办了土佐派画院。

若言及对后世的影响，首推 1685 年（贞享二年）第一次采用日本人制作的历法。

此前长达八百年的时间，日本一直使用中国唐代制作的宣明历。宣明历一年的天数比实际多一点，在 1684 年竟然产生两天的误差。因此，日食无法被准确预报。

在幕府担任围棋师的安井算哲，学习了欧洲的天文学，研究发展成熟的中国天文历书，并根据实际天体观测的结果，认为有必要修改宣明历。他向幕府建言，于是日本正式采用"贞享历"。

算哲的这项功绩，使他得以掌管幕府的天文部门，他也将姓名改为涩川春海。从此，年历的制定工作不再依靠京都的阴阳师幸德井家（土御门家的次席），而由幕府的天文部门负责。

为了进一步研究历法，1689 年（元禄二年）江户本所建造了第一座天文台。天文台的研究成果使春海的历法不断改进，日趋准确。其后，天文台移到骏河台、神田佐久间町和浅草片町。

享保改革

纲吉在元禄时代的江户推动了许多文化事业的发展，但幕府的财政支出庞大，濒临破产。在纲吉之后，第六代将军家宣、第七代将军家继相继去世，被誉为名君的纪州（和歌山县）藩主吉宗成为第八代将军。

新将军吉宗的首要任务是重整幕府的财政。他整顿受元禄繁荣的影响变得十分奢华的武家生活，重新建立幕府的家康精神，将此后的基本政治方针确定为勤俭尚武，也就是勤奋工作、厉行节约，尊崇武士道。同时，选拔人才时不看重家世背景，大胆录用优秀人才，广泛听取大众意见。改良不合理的旧制度，实施新政策。这就是世人所说的"享保改革"。

时任南町奉行（数寄屋桥门内）的大冈忠相，在江户市政推动吉宗的改革。他原是伊势的山田奉行，1717 年（享保二年）被吉宗提拔为江户的南町奉行，到 1736 年（元文元年）为止的十九年间，市政都由他掌握。他充分了解江户市民的感情，审判十分公正，许多人尊称他为"大冈大人"。虽然北町奉行（吴服桥门内）也是町奉行，但人气远远不及"大冈大人"。

吉宗和忠相联手推动实施的江户改革主要依据"目安箱"。所谓目安箱，是设置在龙口评定所（法院）门前的信箱，江户市民可自由发表意见，一般舆论可直接反映在市政上。因此，目安箱得到江户市民的广泛支持，享保改革得以成功。

小石川养生所

江户市民借由目安箱要求幕府实施的大部分政策，都是关于随着都市的大型化，如何救济来自全国各地的贫民的问题。

幕府为了解江户市中的人口实际情况，进行了人口调查。1721年（享保六年），吉宗命令全国大名调查并报告各自领地的面积和人口数，之后每隔六年提交一份调查报告。同时，江户市的里正必须制作户籍簿。由此幕府可以准确掌握江户市的人口，也因此发现生活困苦的穷人多得出乎意料，于是他们开始思考如何救助贫民。

首先，幕府着手充实药园。早在1638年（宽永十五年），幕府就在郊外的大塚和麻布设置药园，主要用来为将军种植人参。大塚药园在1681年（天和元年）遭到废除，麻布药园也在1711年（正德元年）移至白山御殿旧址（纲吉在馆林藩主时代所使用的下屋敷），1722年重新整顿扩张。

此外，青木昆阳为了拯救众多因稻作歉收而陷入饥馑的贫民，开始尝试种植地瓜。目前，该地由东京大学当作附属植物园使用。同时，幕府还设置小石川养生所（医院），让因病失去生存技能的人有了获得新生的机会。

都市绿化运动

当时，江户有"各领国垃圾堆"之称。因为来自各地的人聚集在江户，城市缺乏自然植被，脏乱得像垃圾堆。

吉宗认为江户周围应该有充满大自然气息的游乐地，于是就在飞鸟山、隅田川堤、品川御殿山、小金井和玉川上水路沿岸等地种植樱花树。飞鸟山是将军打猎的地方，吉宗经常造访。1720 年（享保五年）至翌年，江户城内的吹上御庭培育的樱花树苗被移植至飞鸟山，使飞鸟山变成一座公园。樱花树原本是生长在山里的树木，在吉宗时代大量种植在江户町后，成为一种城市树木。

隅田川的堤岸是江户下町居民熟悉的地方。两国桥、新大桥和永代桥建成后，隅田川流入江户市中，河中可捕捞到浅草海苔和浅草鲤。在河口处，甚至可看到银鱼的身影。清澈的河水可用来酿酒。春天赏花，夏天纳凉，秋天赏月，冬天赏雪，隅田川两岸成为江户市民感受四季风情的休憩胜地。

随着郊外绿化运动的顺利推行，江户城内的高围墙也被拆除了，并在当地种上了松树。今日皇居的美景，就是吉宗时代创造出来的。

之前因为满天尘土而被称为"伊势屋、稻荷（五谷神）与狗大便"的江户市街，终于充满了绿意。

川御殿山有许多赏花客，热闹非凡

龙吐水

町消防队

前面曾经提到，明历大火后，幕府只在武家地推行了消防制度。之后进一步发展出幕府直属的"定消防队"，以及自古以来就有的大藩组织的"大名消防队"，尤其是加贺百万石著名的前田家消防队十分有名。前田家消防队约有100名英勇的队员，之后这成为"加贺鸢"戏剧表演的主题。

只要一听到"哇，着火了！"，消防队员便争先恐后地奔赴所谓"江户特色"的火灾现场。

他们的工具虽名为"龙吐水"，但只能慢慢吐水，完全无法奏效，最后只能用水桶浇水灭火，并用救火钩或斧头破坏房子，防止火势进一步蔓延。当风吹来时，他们在下风处用大团扇扇回去，奋不顾身地与大火搏斗。

已发展至1600町以上的大江户，根本不可能完全避免火灾发生。于是，除了定消防队和大名消防队等"武家消防队"，大冈忠相还另外设立了"町消防队"。每一町有30名消

望火架

缠

自身番屋

举标旗"，歌曲中所歌颂的精力充沛的"小兄弟"指的就是消防队的年轻人。

"伊吕波四十八组"负责隅田川以西的消防工作，东面的本所、深川另有16组，总计共有超过1万名消防队员。如此，江户的消防体制总算建立起来了。

同时，当地还设有"观火台"。在武家地，定消防队可设置高约三丈（约9.1米）的观火台。町人地不允许建造可瞭望远处的高楼建筑，只有户长的屋顶上才能装可随时拆卸的观火台。町消防队制度确立后，观火台逐渐正统化。为了看到两町四方（约236.4米）内的情况，在大屋顶上设置高约九尺（约2.7米）的观火台。之后，每发生一次大火，观火台就建得更高一点，甚至在自身番屋[2]屋顶建造了高达二丈六尺五寸（约8.0米）的"望火架"。自身番屋也准备着标旗、救火钩和水桶等消防工具。

最具规模的观火台是"观火望楼"。通常每十町有一个，观火望楼总高为十一间（约21.7米），上面挂着小吊钟，可用来通知远近居民火灾发生。如果火灾离得很远，就敲一下；如果可能演变成大火，需要出动消防队员，就敲两下；如果火灾发生在附近，就会不停地敲。那时英勇的江户人会丢下手上的事，卷起袖子，奔赴火场。

防员，这些消防员组合成为"伊吕波[1]四十八组"消防队。由于假名中"へ""ら""ひ""ん"四字给人的感觉不好，不吉利，因此改用"百""千""万""本"。

1720年（享保五年），町消防队和武家消防队一样拥有"缠"。"缠"是战争时象征大将阵营的旗帜，火场如战场，"缠"也表示首领的指挥所。"在芝出生，在神田长大，如今在消防队

---

1 《伊吕波歌》是日本平安时代的和歌，以七五调格律写成，歌词中包含了所有的假名，每个假名只出现一次。约从11世纪起常常作为练习假名写法的范本，江户时代开始更广为流传。——编者注
2 自治岗哨之意。

耐火建筑的普及

无论武家消防队和町消防队的制度再怎么健全，都无法杜绝大江户的火灾，因为江户密集的木造建筑物很容易发生火灾。对此，幕府认真地考虑修建耐火建筑。

明历大火时，屋顶的屋瓦掉落，砸死许多逃难者。此外瓦顶的建筑物造价昂贵，即使是大名宅第，也只是泥土房子。

起初人们尝试给茅草屋顶、草屋顶和木板屋顶涂上泥土或是排列上牡蛎壳，以达到防火效果，但效果并不理想。1674年（延宝二年），近江国（滋贺县）的西村半兵卫设计出轻巧又便宜的"栈瓦"，逐渐代替传统的瓦（称为"本瓦"，以和"栈瓦"区别）。

吉宗借由目安箱得知这个消息，于1720年（享保五年）许可建造瓦屋顶的建筑，同时，用免除公役金（税金）或出借建筑费用的方式，鼓励民众建造耐火建筑。根据耐火程度的强弱，江户建造出三种类型的町屋："土藏造""涂屋造"

土藏造

涂屋

和"烧屋造"。

首先，"土藏造"的屋顶使用的是栈瓦，屋檐背面、墙壁、门窗等外侧都要涂上一层厚厚的泥土，是真正的耐火建筑。

其次是"涂屋造"，屋顶使用栈瓦，但只在外侧，尤其是二楼正面涂上泥土，一楼正面以及侧面、背面使用木板，是一种简易的耐火町屋。

最后是"烧屋造"，屋顶和外墙都使用木板，是完全没有耐火效果的简陋町屋。每次遭遇火灾，都会被烧得一点不剩，故得此名。

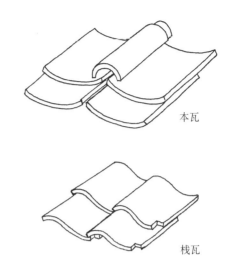

本瓦

栈瓦

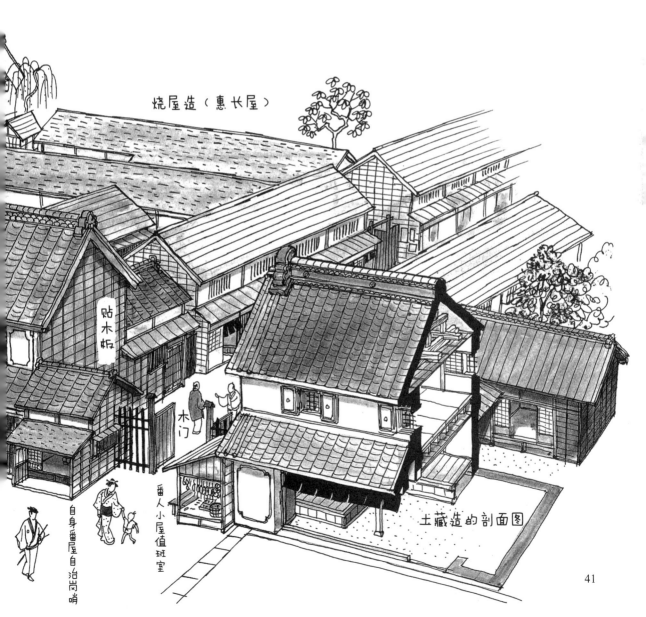

烧屋造（惠长屋）

贴木板

木门

自身番屋自治岗哨

番人小屋值班室

土藏造的剖面图

改革后的街道

随着耐火建筑的普及，大江户的街道变得截然不同。

从元禄时代开始，原本的城下町的规划原则——相同职业的人住在一起——已遭到破坏，商人町、职人町只是徒有虚名，各种职业的人已混合居住。不久，随着町人经济能力逐渐加强，

在将近半个世纪后，町人阶级内部出现了贫富差距，大致可分为三个阶层。

地主阶层：拥有沿街的土地和宽五至十间（约 9.9—19.7 米）的"土藏造"的御用大商人和族长。

有家阶层：拥有沿街的土地，建造宽二至四

间（约 3.9—7.9 米）的"涂屋造"房子并居住其中的商人和手工艺人。

伙计阶层：住在巷内的"烧屋造"大杂院，租屋居住的旅行商人或伙计。

必须注意的是，沿街房子必须是"土藏造"或"涂屋造"的。1723 年（享保八年）幕府还只是规定栈瓦屋顶两层楼房不能建得太高，到了 1806 年（文化三年），已明确规定楼高不能超过二丈四尺（约 7.3 米）。这种高度受限的"土藏造""涂屋造"町屋，泥土墙涂上加了墨汁的牡蛎壳灰和石灰，呈现黑色光泽。大型店家还花很多人力，将外墙擦得一尘不染，在这样黑漆漆的街道上，每幢房子上还有大得令人生惧的兽瓦耸立，以对抗带来灾难的恶魔。

44

里长屋的诞生

不是临街的地方，早先有名为"会所地"的空地。享保改革后，耐火建筑物普及，居民开始安心住在市中，并在会所地辟置小巷，在巷旁建造"烧屋"，也就是所谓的"九尺二间里长屋"。

这些房屋长九尺（约2.7米）、宽二间（约3.6米），也就是只有三坪（约9.9平方米）。由于不是独门独栋，而是将一栋房子分割成很多间，所以也被称为"栋割长屋"。一打开门就是厨房，里面只有一间四叠半的小房间。水井和厕所都是公用的，设置在三尺宽（约0.9米）的小巷深处。丈夫外出工作时，太太们就聚在一起，从早到晚一边聊天一边煮饭、洗衣服。这就是所谓的"井边会议"。

住在里长屋的人通常是伙计、轿夫、车夫、做屋顶的工人，或是沿街叫卖的商人。有时候也会有四处流浪的武士，但大部分是从各地农村来的人，他们几乎没有积蓄，过一天算一天。家庭的平均人口为3—4名，夫妻加上一两个孩子。今天的"核心家庭化"，其实起源于江户时代。

虽然居住空间狭小，但是邻里之间相互扶持，生活也很快乐。他们不用缴税。日常生活如遇到困难，可找房东商量，大家过着和谐、自由的生活。

作为幕府米仓的隅田川西岸被称为"藏前"

经济能力大增的札差享受奢华的生活

江户人的诞生

享保改革进行中的 1725 年（享保十年），大江户已发展成面积约 69.9 平方千米的大型都市。

无论町人再怎么活跃，江户还是将军麾下的武家之都。整个江户的 66.4% 是武家地，町人地只有 12.5%。而且，由于参勤交代制的关系，武士会在故乡和江户各住一年，只有极少数人会代代住在江户。

江户市中的商家大多是在上方设有总店的江户分店，许多工作人员从故乡单身赴任，很少有彻头彻尾的江户町人。但在元禄时代（17 世纪末），有些町人意识到自己是江户的居民，对江户人特有的"潇洒"和"骨气"引以为傲，他们帮助弱者，对抗权势。

18 世纪后半叶，以江户为生活据点而定居的地道町人，比方说日本桥河岸鱼市的老板，或是在幕府米仓"藏前"工作的"札差"等，成为最具代表性的江户人。

札差负责把幕府供应给旗本的俸禄米换成现金，也就是从事金融业的人。大冈越前守在 1724 年同意由 109 名札差独占这项业务，使札差从中获得极大的利益。他们铺张浪费，奢华的程度甚至超过了大名。他们比赛谁更"潇洒"，谁更有"骨气"。这些风雅之士被称为"通人"。1770 年（明和七年）左右，共有 18 名"大通人"，简称为"十八大通"，其中最有名的是大口屋八兵卫（晓雨）。据说，他模仿当时江户最受欢迎的第二代团十郎表演的"助六"，头上包着江户紫头巾，打着粗环形花伞，以"潇洒"装扮出入吉原，对茶屋的女老板大声吆喝"福神来了"。

这些茁壮成长的町人，使"繁华大江户"发展出歌舞伎、浮世绘、洒落本 [1]、狂歌、落语（单口相声）等"江户人文化"。

1　江户时期在民间流传的小抄本。

都市的生理——上下水道

"水道"也让江户人引以为傲。无论武家还是町人，凡使用自来水者，都要支付名为"水银"的自来水费。这些自来水费用于新建和维修自来水道。

在江户开发初期，幕府建造了神田上水、赤坂溜池上水，1653年（承应二年）后，又开始建设玉川上水。玉川上水的水量很丰富，在明历大火后进行分流，进一步扩大了供水范围。1660年（万治三年），人们在四谷大木户水门旁埋入木水管，开辟分往南方的大番町、青山大道、麻布、芝新堀边一带的"青山上水"。1664年（宽文四年），又将河水从下北泽引向代代木、三田、目黑、白金和大崎一带；在俵町之后，使用木水管，供应二本榎、伊皿子、坚坂、三田町、松本町、新马场同朋町、西应寺附近的用水，也就是"三田上水"。1667年，为了支援水量不够充足的神田上水，在代代木进行了分流工程，三年后，拓宽了玉川上水的水路宽度。

到了1696年（元禄九年），玉川上水又在多摩郡保谷村进行分流，一直挖到巢鸭村。在巢鸭村之后，由木水管供应本乡、汤岛、下谷、浅草一带的用水。这被称为"千川上水"，是由河村瑞轩设计的。玉川的水为一大半的江户市民提供了饮用水。

江户的上水道如此发达，是因为江户是在海边开发的都市，地下水脉很深，挖一口井的花费巨大（二百两左右）。18世纪后，人们从大阪引进了一种名为"阿奥利"的挖井工具，只要三两二分钱就可挖一口井。那时江户人不再像以前那样仰赖上水道。1722年（享保七年），室鸠巢认为江户经常发生火灾，是因为建了太多上水道，地下水都被水道吸收了，因此提议废止上水道。适逢幕府正在重整财政，就采纳了这项奇特的建议，废除龟有上水、青山上水、三田上水和千川上水，只留下神田上水和玉川上水。

虽然江户的上水道十分发达，但没有建造下水道。一方面是因为当时的江户人缺乏西方的卫生科学观念，与之相对，巴黎就有发达的下水道，另一方面这和江户周围的农村有密切关系。

种植在广阔的武藏野台地的农作物，都是以水肥作为肥料。因此，江户市中的水肥可卖到很高的价钱，然后被运往农村。东部和西部运输水肥的方法有所不同，在有运河的东部可使用运肥船；在没有水运工具的西部，人们必须把水肥桶装在马匹上，或是由人力挑扁担来运输。拜这些水肥所赐，当地栽培出砂川牛蒡、泷野川胡萝卜、油菜、千住葱、目黑笋等蔬菜，丰富了大江户100多万人的饮食。至于居民的生活垃圾，都会被丢弃在各个町设置的垃圾箱，再由专业人员统一运往掩埋地（永代岛）。

神田上水的关口大洗堰

千川上水 1696

中山道

关口大洗堰

落合

巢鸭

神田上水

本乡 汤岛 下谷 浅草

千住

妙正寺池

从多摩川羽村

保谷

善福寺池

青梅街道

井头池

玉川上水

薪宿内藤

分流1667

下高井户

北泽

青山上水1660

甲州道中

三田上水1664

目白黑金

三田

东海道

日本桥

神田上水 1629

本所

江户城曲町四谷

青麻山布芝

江户港

深川

上水道
街道

49

宽政的还人政策

1783 年（天明三年）的春天，雨下得特别少，农民插秧时深受干旱之苦。到了夏天，又连日豪雨，各领国的河川泛滥。六月十七日的一场豪雨使得千住、浅草和小石川一带成为水乡泽国，时序虽是夏季，天气却很寒冷，人们每天都要裹着厚棉衣御寒。

七月，浅间山发生了大型的火山爆发。火山灰飘落北关东一带，对人畜和农作物造成了极大的伤害。江户市的大白天也像黑夜般昏暗，不久，江户川上游出现折断的大树、破损的家具，以及四肢残缺的人和马的尸骸。

中秋节（八月十五日）的夜晚刚好有月食，无法看到圆月。人们对这种异变心生畏惧，亲眼看到即使到了秋天，农作物也几乎没有收获，陷入一片茫然。这一年出现全国性的大歉收，光是在东北地区[1]就有近 20 万人饿死。

农民百姓平日已深受重税之苦，再加上这场大饥荒，有人不得不抛弃土地，有人不得不舍弃家园，离乡背井逃到大江户打工度日。于是，大江户充斥着游民和流浪汉，犯罪事件频发。同时，米价日益飙涨，市民陷入极度的不安。

---

1 指本州岛北部由青森、秋田、岩手、山形、宫城和福岛六县所组成的东北地区。

1787年，大阪发生的"给我白米骚动"扩散到日本全国各地。江户市中的米店也遭到破坏，在短短的三天之内，就有980户藏前的札差家遭到打劫。

这场打劫风波后，年仅30岁的松平定信成为新的老中。他着手进行统一管理物价、取缔风化等各项改革，这就是"宽政改革"。

松平定信着重改善大江户的下层社会的状况。打劫大多发生在黎明，因此，他在石川岛建立收容所，收容无家可归的男女。由担任"火付盗贼改役"（负责在市中巡逻、预防火灾、缉捕盗贼的工作）的长谷川平藏负责管理，为他们分

配工作，使他们自力更生。但由于石川岛不仅衣食不够充足，被收容者还必须接受强制劳动，所以人人敬而远之。

松平定信分别在1790年（宽政二年）和1793年两次发布"旧里归农令"，也就是后人所说的"宽政还人政策"，他支付旅费给来到江户的贫农，提供农具，让他们回到故乡。对于无家可归的人，原谅他们的罪行，让他们回乡从事农业、渔业等工作。但是这项政策并不成功。许多人已经习惯了都市的自由生活，即使只能在里长屋过着贫困的生活，也不想再回到艰苦的农村了。

学问所和寺子屋

　　为了重整武士阶层的风气，松平定信创立了教育制度。1797 年（宽政九年），他将林家私塾的汤岛圣堂正式改为幕府的学校，也就是官学的

"昌平学问所"，即今东京大学的前身。

　　原则上武士教育都在家中进行，只有一些较难的学问和武艺，才会由优秀老师在其驻教的私

塾或道场教授。

随着教育风气盛行，许多藩纷纷设立藩校。1719 年（享保四年），明伦馆在萩（山口县）创建，是最早成立的学校。

这些学校通常附设武艺练习场，很适合地位高于农、工、商的武士阶级，同时还进行以汉字为中心的文武两道教育。学生通常在 7—8 岁入学，15—25 岁毕业。

"寺子屋"是百姓的教育机构。原本是和尚在寺庙的大殿教附近的孩子读书写字，到了 19 世纪，私塾很快在大江户普及。通常人们将两三间大杂院连在一起用作私塾。在享保年间（1716—1735），江户市中已有近 800 名师匠（老师）。寺子（学生）在 6—7 岁入学，从上午八点读到下午两点。上午习字，由老师个别指导；午餐过后，所有学生一起学习阅读、算术、礼法等科目。上学四五年后，就可以学会"阅读、写字

和珠算"，毕业后，就可以进入社会工作。

寺子屋在教学方法上下了很多功夫。比方说，设有"大考"和"小考"，也就是痛苦的期末考试和期中考试，也有快乐的七夕祭或是天神祭等特别活动。冬天时，14 岁以上的学生要参加晚上十点到半夜两点的寒夜课程。在立秋前的炎热夏日，学生们要在黎明前就开始上课。

日本桥左内町有一位著名的严师"雷师匠"。他的严格在市中广受好评，有许多人从其他町来拜师，因此教室规模逐渐扩大，据说，教室横跨大马路到后面的小巷，约有二十间（约39.4 米）的距离。

虽然如此，寺子屋的经营还是很困难，但作为指导的老师们还是带着教育町内子女的责任与骄傲投入到教育事业中。就这样，作为町内教育机构的寺子屋，成为催生"江户人文化"的原动力。

"活力"文化

文化、文政年间（1804—1829）之后，江户文化迎来了巅峰时期。这个时期产生了与明治维新后的近代直接相关的大众文化。现在我们从电视的时代剧和落语中了解的江户市民生活风俗，主要都是在那个时代形成的。

以日本桥为中心的街区，是大江户引人注目的区域。白木屋和服店（现在的东急百货公司）和山本山等营业至今的老铺鳞次栉比。越后屋和服店在日本桥北方的骏河町开了一家很大的店。从北侧本町道到东边大传马町一带，有许多和服批发店和布料批发店，隔壁的通旅笼町也开了一家华丽的大丸和服店（现在的大丸百货公司）。在下谷广小路，有松屋和服店（松屋百货公司的前身）多家大型店，生意十分兴隆。

这些商店街周围有繁华街区和游乐地。两国广小路、浅草寺门前、新吉原，还有上野山、飞

鸟山、御殿山等大江户的名胜不计其数，不是一天两天就能够参观完的。

　　江户文化终于在四里四方[1]的大江户开花结果，要享受这种文化的丰富内涵，必须够"活"[2]。所谓"活"，就如字面的意思，必须"生气勃勃"，对新的未知文化充满好奇心，而且必须脱俗漂亮，具备吸引异性的"性感"。

　　浮世绘和歌舞伎，以及落语常涉及的里长屋，都因为具备这种"活"与"潇洒"，为自由的都市生活带来了紧凑感和活力。

1　指方圆 16 千米的范围。
2　日文中"潇洒"和"活"的发音同为"iki"。

两国开河

大江户一年四季有许多节庆活动。

当时的历法不是现今使用的阳历，而是阴历。从正月到三月是春天，四月到六月是夏季，七月到九月是秋季，十月到十二月是冬季。

正月时，江户城有许多以武家为中心的节庆活动，町人几乎都休息，也就是所谓的"寝正月"。而夏天时，两国的开河活动¹热闹登场，充分表现出江户人的气概。隅田川每年五月二十八日至八月二十八日的三个月期间，傍晚河边总是挤满纳凉的人，好不热闹。再加上附近两国广小

1　庆祝可以开始在河上纳凉的活动，通常会放烟火。

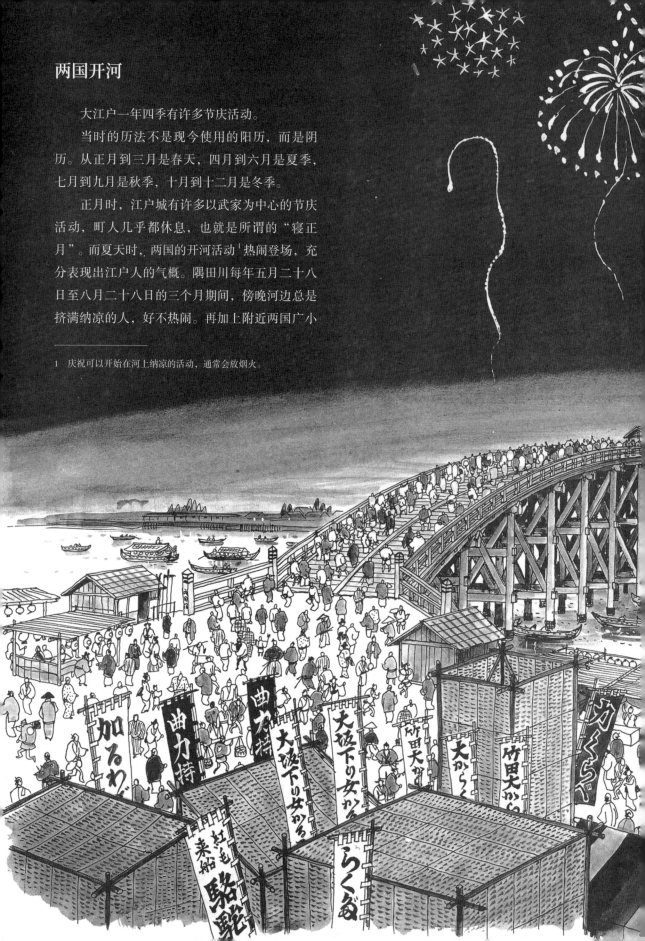

路是繁华街区，这一带通常是人满为患。纳凉的第一天被称为两国开河。

开河少不了烟火。1670年（宽文十年）开始放烟火，之后的每一年烟火都会热闹登场。键屋和玉屋的烟火师分别负责两国桥两侧的区域，在上游和下游施放烟火。

河面上的屋形船和两岸鳞次栉比的料理茶室的看台上，无不挤满欣赏烟火的武士和町人。桥上和河岸道路上，也挤满住在里长屋的居民。每当烟火升上天空，就会听到"玉屋！键屋！"的欢呼声。垂柳、线樱、牡丹和白菊在夜空中绽放，那稍纵即逝的风情，营造出华丽而伤感的氛围，令江户人进入忘我的境界，沉浸在夏天的解放感中。

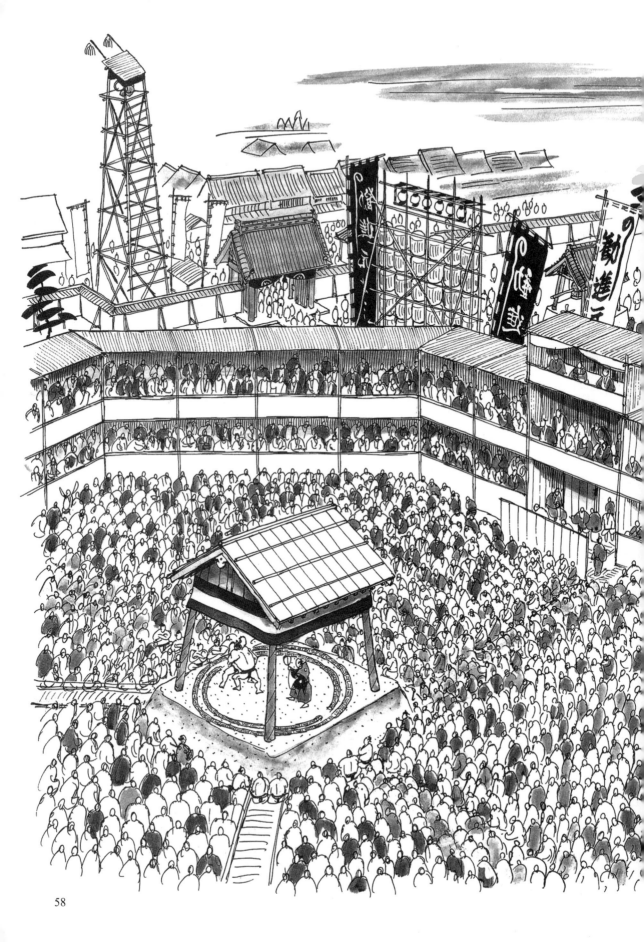

大相扑和街头艺人

相扑和杂技表演也为大江户的都市生活增色不少。相扑以前是在宫中举行的赛事之一，被称为相扑节会。到了战国时代，织田信长很喜欢相扑，于是在安土城下举办比赛。在江户时代，寺庙和神社为了募集捐款而进行的劝进相扑盛行起来。

18世纪中叶后，每年的春天和秋天都在同一场地举行十天的相扑比赛。起初是在深川八幡社内举办，其后逐渐转移至两国回向院。1833年（天保四年）以后，回向院成为举办相扑比赛的固定场所。

谷风和小野川成为横纲[1]时，江户相扑迎来了黄金时代。1789年（宽政元年）十一月的比赛中，天下第一的力士被称为"日下开山"，也就是日后的横纲。之后，大力士雷电的出现让相扑越来越受欢迎，相扑渐渐成为人们口中的"大相扑"。

除了大相扑以外，杂技表演也越发盛行。两国广小路、浅草奥山、上野山下，以及深川八幡社等热闹地区都会搭建小屋，也就是收费表演的表演屋（日文称之为见世物小屋）。

杂技表演大致分为三种。一种是魔术、奇术、杂技等技艺或武术的表演。第二种是展示大象、骆驼、老虎等珍奇动物，以及珍奇植物或奇人。第三种是展示机关人偶、仿真人偶、编织篮子、加工玻璃等细腻的手工艺品。除此之外，还有演讲或窥视箱[2]。最受欢迎的是女大力士、马戏和走钢丝等表演。马路上的表演者被称为"街头艺人"[3]，最有名的是浅草奥山（观音堂后方）的松井源水在观众的团团包围下表演的陀螺技艺。

人们还聚集在一起欣赏街头巷尾的町人表演。这种专门表演音乐、特技、魔术和舞蹈的地方名为"寄席"[4]。18世纪后半叶，落语也很流行。到了1820年代，江户市中已出现125家"寄席"。这一类表演不同于戏剧，它们可以在晚上演出，民众能轻松欣赏，于是它们成为流传至今的大众表演。

1　横纲是相扑力士资格的最高级。——编者注
2　在箱子上挖洞装上放大镜，供人观看箱内的图片。
3　日文称为大道芸。
4　杂技场。

参观戏剧表演

从外地来到江户的观光客，最向往的就是观赏歌舞伎表演。

1714 年（正德四年），山村座因为绘岛、生岛事件关门大吉，只剩下堺町的中村座、葺屋町的市村座和木挽町的森田座——也就是"江户三座"继续表演。

剧院会和演员签一年的合约。每年新签约的演员会在十一月一日第一天的"颜见世狂言"演出中亮相。这场"颜见世"和翌年正月的表演，决定了观众如何评价这一年的表演，因此，每家剧院都铆足了劲儿。

18 世纪后半叶，江户的歌舞伎已出现第七代团十郎、第三代尾上菊五郎、第五代岩井半四郎、第三代坂东三津五郎等著名演员，呈现前所未有的繁荣景象。第七代团十郎以《助六》等作为"歌舞伎十八番"的上演剧目，据说薪水高达一千两，也有人说是两千两，他成为所谓的"千两演员"。

火用心

二八荞麦面

蒲烧

天妇罗

料理茶屋与荞麦屋

1790 年（宽政二年）之后，多家使用江户港的鱼做料理的"江户前"料理茶屋（料亭）在江户各处开张。相较于上方的清淡口味，幕府开府之后，江户人比较喜欢咸味较重的口味。在受到上方影响的同时，他们创造出江户特有的味道：江户前料理。

其中，浅草山谷的"八百善"以及深川的"平清"十分出名，两家料理店分别以会席料理（将茶道的怀石料理设计成聚会料理）和鲷鱼料理为特色。由于店家从特别的产地购买当季食材，雇用精心挑选的厨师，所以料理价格十分昂贵，是一般大众无缘享用的高级料理。

江户有许多单身前来的武士和商人，因此出现了以大众为服务对象的小料理店。寿司、蒲烧鳗鱼、天妇罗和荞麦面等很适合在小饭馆和路边摊轻松食用，深受一般民众喜爱。江户名产"二八荞麦面"是最典型的代表，它使用八份荞麦粉和两份面粉调配而成，故得此名。一碗荞麦面的价格是十六文，连落语都以此为题材。荞麦面摊可以被轻松拉到各个角落做生意，即使在半夜也可以吃到荞麦面，因此有"不夜荞麦"的说法。江户人既能轻松享用便宜的荞麦面，又会花大价钱抢吃"新上市的鲣鱼"，这种像小孩子般的心情不是很可爱吗？

豆皮寿司

凉粉

新吉原和冈场所

　　明历大火后，"吉原"迁移到浅草寺后方的
农田中央，被称为"新吉原"，以前的则被称为
"元吉原"，以示区别。新吉原的规模是元吉原
的 1.5 倍，即东西横跨三町（约 354.6 米）。由于
从市区转移到偏远处，新吉原获得一万五千两的
转移费；以前只能在白天营业，现在可以营业到
晚上。同时，新吉原将之前分散在市区的 200 多
家公共澡堂聚集起来，纳入其中。

　　去新吉原，可以骑马或坐轿子到日本堤的
"土手八丁"。推开大门，即使在夜晚，也可看
到一个花街柳巷的不夜城。途中有一家"手工
编制斗笠茶屋"，不好意思堂而皇之走进大门的
人，会在这里买一顶斗笠戴在头上。一走进大门，
中央是一条南北方向的笔直大道，右侧分别为江
户町一丁目、扬屋町、京町一丁目，左侧分别是
伏见町、江户町二丁目、堺町、角町、京町二丁

目，街旁都是两层的扬屋和游女屋[1]。

所谓扬屋，是邀太夫[2]同玩的地方。扬屋建造得十分豪华，可媲美大名的宅第。到扬屋消费的人不仅要很有钱，而且必须是精通此道的"通人"。纪国屋文左卫门和奈良屋茂左卫门都是元禄时代的"通人"。18世纪中期，藏前的18名札差就是非常有名的"十八大通"。

然而，格调太高的扬屋在1760年（宝历十年）以后逐渐没落，取而代之的是一些可以轻松玩乐的引手茶屋[3]。未经幕府许可的地下游女屋也日益增加，这些地方被称为"冈场所"。包括品川、千住、板桥、内藤新宿等地的驿站街在内，最多的时候，大江户市中有70家冈场所。其中，以深川最繁荣。不同于在新吉原，客人在这里可以玩得很轻松，即使它们经常遭到官方取缔，其数量也不减，反而更吸引江户人。

---

1 此处游女指妓女。
2 太夫是对最高等级的游女的称呼。
3 为客人介绍娼妓的茶屋。

从锦绘美人图到漫画

新吉原这种妓院集中的地方，以及有歌舞伎表演的热闹地区，都是败坏风俗的"不良场所"，随时受到幕府监视。但这些不良场所的流行风俗又强烈吸引着江户人，使他们想尽早了解其中内幕。

不同于幕府御用的狩野派画家，町人画师可以自由地描绘不良场所的风光，一般称之为"浮

世绘"。明历大火后，菱川师宣开始创作浮世绘。他从当时江户市民熟悉的绘本中获得灵感，在单色印刷的版画中加入红色和绿色，终于在1765年（明和二年）设计出多色印刷的锦绘[1]。画师先画好原画，再由雕刻师刻出不同颜色的版木，最后由印刷师着手印刷，于是市面上出现了大量便

1　指多色印刷的浮世绘版画。

海道四谷怪谈》等受欢迎的狂言上演时，歌川丰国及其弟子国贞的浮世绘也逐渐闯出了名气。

除了"美人图"和"役者绘"以外，描绘风景优美的游乐胜地的"名所绘"也逐渐受到市民喜爱。葛饰北斋的《富岳三十六景》最具代表性。在各地的旅行热潮下，安藤广重的名作《东海道五十三次》也诞生了。北斋还搜集许多奇特主题，从趣味横生的角度描绘幕末的世态，推动漫画的普及。这就是所谓的《北斋漫画》，从1814年（文化十一年）初编发行后，一直到明治时代才完结。

这些大量印刷的浮世绘作品，在19世纪中叶的西洋受到极高评价。法国的印象派画家纷纷学习这种新的画法，浮世绘成为马奈、德加、莫奈、高更和凡·高等优秀近代画家的模仿对象。

宜且漂亮的浮世绘。江户市民竞相购买铃木春信和喜多川歌麿绘制的新吉原"美人图"。这种美人图有点儿像现在的明星照。

描绘歌舞伎演员出色表演的浮世绘也十分流行。东洲斋写乐所画的"役者绘"[1]上，深受好评的演员穿着华丽服装的模样，受到市民的高度称赞。市松染[2]是最好的例子。当鹤屋南北的《东

---

1 即演员画。
2 知名演员佐野川市松在《盐屋判官古乡锦》中穿着紫白方格的舞台服装（另一种说法是在《高野心中》穿着久米之介的裙裤），大受好评，而有"市松染"一名。

兰学事始

第八代将军吉宗在享保改革时，为了推动各种产业发展，很重视实用的学问，同时他也对西洋科学知识和技术产生极大兴趣，开放除了基督教相关书籍以外的其他外语书的进口，并命令青木昆阳和野吕元丈学习荷兰语。这就是兰学的开端。

青木昆阳著有《和兰文字略考》，野吕元丈著有《阿兰陀本草和解》。本草学是研究药用植物、动物和矿物的学问。学习本草学的田村蓝水和平贺源内，致力于朝鲜人参的栽培。1757年（宝历七年）以降，江户经常举行物产会（药品展示会）。平贺源内更进行静电实验，在江户引起热议。

1771年（明和八年），杉田玄白和前野良泽等人在江户小塚原参与尸体解剖，在三年后出版著名的《解体新书》。杉田玄白在《兰学事始》一书中记述了翻译过程中的辛苦和经验，他们也从那时开始了对西洋医学的正式研究。

兰学的引进对绘画世界也产生了影响。比如描绘花鸟草木时画家更加追求科学精确，此外受到透视法影响的荷兰异国风情画，让西洋画的技法逐渐在日本生根。司马江汉致力于研究铜版画，大约在1780年（安永九年），更热衷于绘制油画。同时，司马江汉还研究天文学、地理学，是日本首位提倡地动说的学者。

透视法为浮世绘画师提供了参考。奥村政信运用这种增加了立体感的方法，设计出"浮绘"。当时在繁华街区很受欢迎的窥视箱，也是基于相同原理制作的。

平贺源内的静电实验

司马江汉所画的御茶水风景，利用透视法表现远近的感觉

观摩尸体解剖的杉田玄
白和前野良泽

73

流行神

在西洋科学逐渐推广的同时，江户自古以来信仰神佛、祈求灵验的习俗依然活跃。比如，有助于治疗眼疾的神明（茶树稻荷）、治疗头痛的神明（高尾稻荷）等都是民众信仰的对象。

不仅如此，人们还认为许多极其平常的地方也有神明存在。比方说，向京桥的栏杆许愿可以治好头痛，日本桥的栏杆对百日咳有效，患有脚气病的人可以去摸町中大木门的铁环……这些都成为人们的信仰。只要一听说类似的消息，人们便立刻口口相传；一旦发现并不灵验，又很快将这些神抛诸脑后，因此这类神被称为"流行神"。除了求神治疗疾病，人们还祈求平步青云、儿女乖巧和求子等，这些都和町人的日常生活息息相关，神灵是追求现世利益的平民百姓内心虚幻的期待。

有趣的是，日本还有所谓的贫穷神。小石川牛天神祠堂内的贫穷神，可使人免于遭受贫穷，来参拜的人

石川岛

富士

高桥

目黑不动堂

铁砲洲稻荷的人工富士

络绎不绝。曾经有一名贫穷的旗本把贫穷神画下来，在家里祭拜，每天供奉神酒。后来这位旗本的生活逐渐富裕起来，这个消息很快就传开了。说穿了这都是一些无聊的事情，不过因为江户人喜爱凑热闹，才成了话题而已。

说到凑热闹，当时也很流行"全国灵场巡礼"。因时间和金钱不够充裕而无法参加巡礼的人，会前往本所的罗汉寺"荣螺堂"。荣螺堂内部有像荣螺一样呈螺旋状的阶梯，参拜者沿着阶梯而上，可以参拜秩父、坂东、西国札所等地的百尊观音仿制像。最后来到三楼，从这里眺望江东一带，风景十分漂亮，民众在参拜之际也可以欣赏风景。

基于对富士山的信仰，当时也很流行爬富士山。富士灵峰被认为是神佛居住的极乐净土，因此许多人存了钱，组团登上富士山。没钱的人则登上市区各地寺社的人工富士，以获得一种自我满足。

罗汉寺的荣螺堂

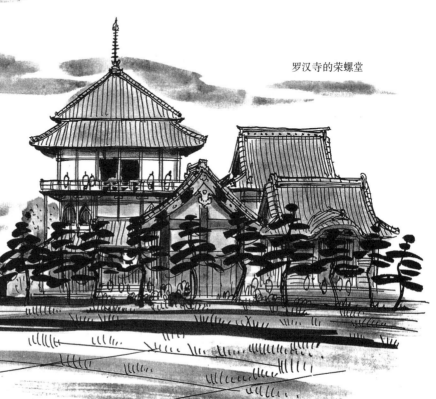

浮世澡堂和浮世理发馆

大江户的一天在早晨悠闲的叫卖声中拉开序幕。清晨六点左右，町内的钱汤开始营业，里面挤满了想在早餐前晨浴和悠闲泡澡的老年人。洗澡的费用很便宜，大人六文，小孩四文，澡堂一直营业到晚上六点为止。

江户的水井很少，为了安全防火，即使是较

大的商家也没有浴室。因此，钱汤的生意格外兴隆，后来它被称为"浮世澡堂"，发展成江户人休憩的场所。

当时男女混浴并不稀奇，有些町的钱汤会分出男汤日和女汤日。直到 1791 年（宽政三年），幕府禁止男女混浴，才出现男汤、女汤分列两侧的钱汤。只有男汤会在二楼设置休息室，洗完澡的客人一边喝茶一边下围棋或将棋[1]，好好休息一下。到了 1810 年（文化七年），"府内汤屋十组"[2]

成立，总计出现了 523 家澡堂。

理发店也是江户人经常出入的地方，设置在市中的日本桥、常盘桥、浅草见付、筋违见付、高轮车町、曲町六个地方的"高札场"旁，兼顾高札场的管理工作。和今天的美容院、理发店一样，发型是分性别、身份和职业的，此外还要结合流行的趋势。这些理发店组成行会来营业，但也有理发师不参加工会组织，而且这样的理发师经营的店渐渐增加，成为所谓的"浮世理发馆"。

---

1 日本象棋。
2 汤屋十组，也被称为"十番组汤屋"，是被幕府承认的行会组织。——编者注

78

大江户的交通问题

江户的马路在城市规划时，就比其他城下町宽敞。但在明历大火后，江户发展成为大型都市，马路显得十分拥挤。交通工具的普及，当然是造成交通问题最直接的原因。

幕府在1662年（宽文二年）规定，除了50岁以上的町人男子、病人、女人、小孩、医生和僧侣以外，其他人禁止使用轿子。1674年（延宝二年），若未经许可乘坐轿子，不仅乘坐者会受罚，轿主和抬轿者也会受到处罚。但随着町人的经济能力超过武士，实际上根据身份来区别对待是无法做到的。1681年（天和元年），町人终于被允许搭乘小型轿子，这一现象迅速普及。在1700年（元禄十三年），已有300顶受认可的出租轿子，1726年（享保十一年），幕府不再限制轿子的数量。这种轿子就是今日出租车的前身。

各种各样的生活物资都是使用大八车来运输的。幕府开府时，曾使用地车（牛车），就是用牛拉的四轮车，但它不够灵活，两轮的大八车由此普及。

另外，马车会妨碍路人的通行。因此当时严禁将马车停在马路上，一定要有马夫站在旁边才行，而且不允许有两驾马车并行在马路上。1716年（享保元年）以后，如果发生车子或马不慎轧死路人的情况，必须处以责任人流放或更重的刑责。可见东京的交通问题有多么悠久的历史。

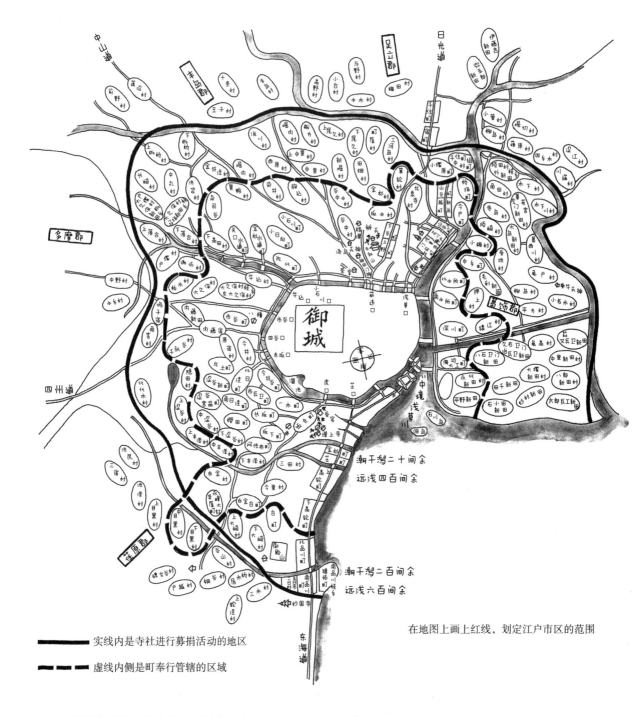

实线内是寺社进行募捐活动的地区

虚线内侧是町奉行管辖的区域

在地图上画上红线，划定江户市区的范围

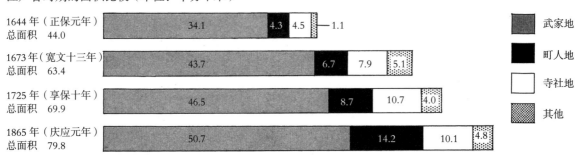

江户各时期的面积比较（单位：平方千米）

年份	武家地	町人地	寺社地	其他
1644 年（正保元年）总面积 44.0	34.1	4.3	4.5	1.1
1673 年（宽文十三年）总面积 63.4	43.7	6.7	7.9	5.1
1725 年（享保十年）总面积 69.9	46.5	8.7	10.7	4.0
1865 年（庆应元年）总面积 79.8	50.7	14.2	10.1	4.8

■ 武家地
■ 町人地
□ 寺社地
▦ 其他

市区的界定

作为"御府内"的大江户市区不断向外扩张，但仍被称为"四里四方"。以江户城为中心，半径8千米以内都属于大江户。

幕府并没有正式规定御府内的范围。正如俗话所说的，"兼安（位于本乡三丁目的杂货店）以内都是江户"，人们对江户的边界界定十分暧昧。18世纪以降，都市问题层出不穷，有关人员搜查和驱逐犯罪者时，需要明确的市区的范围界定。1818年（文政元年），评定所[1]在地图上用红笔画出以下城市边界。

东界：砂村、龟户、木下川、须田村。

南界：上大崎村、南品川宿。

西界：代代木村、角筈村、户塚村、上落合村。

北界：千住、尾久村、泷野川、板桥。

现今的千代田、中央区、港区、新宿、文京、台东、墨田、江东、涩谷、丰岛、荒川，以及品川、目黑、北区和板桥的一部分都属于江户市区。

除了行政划分以外，还原江户时代各个时期发行的江户图，可了解市区的实际范围。根据这些地图我们可以发现，在幕府末期之前，市区不断扩大，甚至达到79.8平方千米。其他城下町从17世纪中期开始没有太大变化，全国城下町的平均面积只有2平方千米，江户的面积是其他城下町的近40倍，可见江户有多么特别。

从扩展面积来看，寺社地面积几乎维持不变，武家地和町人地的面积不断增加。从占整个市区的比例来看，武家地的比例不断减少，町人地的比例明显增加，由此可见，作为武家之都的大江户，町人人口增长是多么迅速。

在元禄时代，江户町数已达808町，到了1745年（延享二年），寺社门前也变成町人地，町数快速增加到1678町。之后，随着耐火建筑的普及，市中原本的防火地和广小路被废除，变成了新町，使得町数进一步增加。到了1843年（天保十四年），最终增至1719町，由此可一窥町人无穷无尽的活力。

---

1 江户幕府的最高司法机关。

品川

内藤新宿

江户四宿的发达

　　从"四里四方"的大江户到外地，必须经过四大宿场町[1]，即品川、内藤新宿、板桥、千住。这四个地方都距离日本桥二里（约8千米）左右，是大型都市周边的繁华街区，被称为"江户四宿"。

　　其中，作为东海道第一宿的品川因聚集众多往来京都、大阪的旅客，生意最为兴隆。1843年（天保十四年），大名住宿的本阵一轩、胁本阵二轩以及93幢一般旅馆沿海而建，总计有1561家，人口达6890人，足以匹敌外地的城下町。

1　宿场，也称宿驿，是为了住驿系统所需而设立的，相当于今天的公路服务区。以宿场为中心形成的街町被称作宿场町。

板桥

千住

1698 年（元禄十一年），在甲州道中和青梅街道的交叉口，开设了甲州道中第一宿的内藤新宿。由于它是四大宿场中最新的宿场，加上信州（长野县）的高远藩主内藤家的下屋敷就在附近，故取此名。内藤新宿于 1718 年（享保三年）遭到废止，但在 1772 年（明和九年）恢复，成为大江户西郊的繁华街区，热闹程度仅次于品川。

中山道第一宿板桥和日光道中第一宿千住，也因东山道、北陆道和奥州道一带藩地的大名参勤交代而变得十分繁荣。比起荒川上（北）、下（南）的两大宿场，千住也是隅田川下游的起点，往来于本所、深川的游客众多，使这里十分热闹。

江户四宿的旅馆可以有"饭盛女"（妓女），幕府视之为准新吉原。由于它们位于郊区的欢乐街，许多人还特地从市区前往。

超高密度社会

19 世纪初，大江户人口数量已超过 130 万，即将达到 140 万。其中，武家地有 50 万—70 万人，寺社地有 5 万—6 万人，町人地有 55 万—65 万人。

幕府自 1721 年（享保六年）开始进行人口调查，当时，大江户人口数量已达 130 万。欧洲第一大都市伦敦到了 1801 年才好不容易达到 85 万人，因此，当时的江户已成为世界第一的大型都市。

若将江户的人口估计为：武家地 65 万人，寺社地 5 万人，町人地 60 万人，总计 130 万人，则 1725 年每平方千米的人口密度如图表所示。与 1980 年（昭和五十五年）的国情调查相比，占江户整个市区面积 66.4% 的武家地，相当于港区办公街的人口密度；占 15.4% 的寺社地，相当于郊区都市多摩市的人口密度；只占整个江户面积 12.5% 的町人地，人口密度是目前日本人口密度

最大的丰岛区的 3.1 倍。当然，当时没有现代这种高层公寓，大家生活在里长屋的平房内，还真是令人喘不过气的超高密度社会。

这些里长屋集中在日本桥和神田后方的陋巷里，以及浅草、赤坂、芝等地。18 世纪末以后，江户贫民窟数量急速增加，来自关东地区和信州（长野县）的打工者个个都是"无壳蜗牛"，只能租屋而居。

有名的俳人小林一茶也是"无壳蜗牛"。他出生于信州柏原的农家，3 岁丧母，1778 年（安永七年）15 岁开始到 1802 年（享和二年）的二十四年间，都在江户过着贫困的生活。

无壳蜗牛　也要迎接江户的元旦
——小林一茶

江户和现在东京的人口密度比较　👤=1000 人

1725 年（享保十年）
江户全市
18 590 人 /km²
（面积 =69.93km²
人口 =130 万人）

武家地
13 988 人 /km²
（面积 =46.47km²
人口 =65 万人）

1980 年（昭和五十五年）
东京都区部
14 109 人 /km²
（面积 =591.94km²
人口 =8 351 893 万人）

港区
10 331 人 /km²
（面积 =19.48km²
人口 =201 257 人）

町人地
68 807 人 /km²
（面积 =8.72km²
人口 =60 万人）

寺社地
4 655 人 /km²
（面积 =10.74km²
人口 =5 万人）

丰岛区
22 185 人 /km²
（面积 =13.01km²
人口 =288 626 人）

多摩市
4 606 人 /km²
（面积 =20.68km²
人口 =95 248 人）

都市犯罪的发生

有些贫穷的"无壳蜗牛"是"坏蛋"或"违法乱纪者"，他们赌博、放火、偷窃，破坏治安。"快盗"鼠小僧次郎吉虽是个坏蛋，却很受民众欢迎。他潜入戒备森严的大名宅第大捞一票，然后毫不吝啬地分给贫民窟的穷苦人家。

贫民窟被称为"各领国的垃圾箱"，环境不卫生，导致传染病流行。感冒、麻疹、天花、霍乱在贫民窟内蔓延。1858年（安政五年）的霍乱大流行，造成极大危害。人一旦感染霍乱，三天就一命呜呼，因此，霍乱又有"三天翘辫子病"一名。当时，人们还不知道霍乱的预防和治疗方法，只能念咒语或祈祷，于是开始相信流行神。许多家庭全家丧命，据说这场霍乱造成的死亡人数在5万—10万之间。公共浴室和理发店门可罗雀，被死神盯上的市民惶惶不可终日。著名的浮世绘师安藤广重和剧作家（洒落本作家）山东京传也没能逃过这场劫难。

1858年江户还爆发了天花。伊东玄朴等人学习西洋医术，在神田玉池设置天花疫苗接种站。但在当时的迷信社会，很少人去接种，效果微乎其微。

1858 年的霍乱大流行夺去不少江户市民的生命

做恶者破坏江户的治安

87

黑船来航

1853年（嘉永六年）六月三日，美国将领佩里率领四艘军舰停靠在浦贺港。

有一首狂歌写道：

> 太平盛世　夜半惊醒　正喜撰
> 只有四杯　夜不成眠

"正喜撰"是一种优质茶的品牌，据说只要喝了这种茶，就会兴奋得夜不成眠，这首狂歌以茶名代指"蒸汽船"[1]，形容幕府官员因为四艘军舰的出现而惊慌失措的样子。

四艘军舰被涂得黑漆漆的。在所谓的"黑船"上配备着大炮，不知何时会喷出火来，令人毛骨悚然。快马[2]立刻奔赴江户通风报信。这个消息很快传开，江户市立刻陷入一片混乱，人们担心随时会和外国开战，甚至有人把家当装上大八车，将老人和儿童疏散到郊外。武士争先恐后购买武器，东奔西跑，整个大江户都处于混乱状态。

1　日语的"正喜撰"和"蒸汽船"发音相同。
2　日文写作早馬，是古代报急的信使所乘的马，用来指信使。——编者注

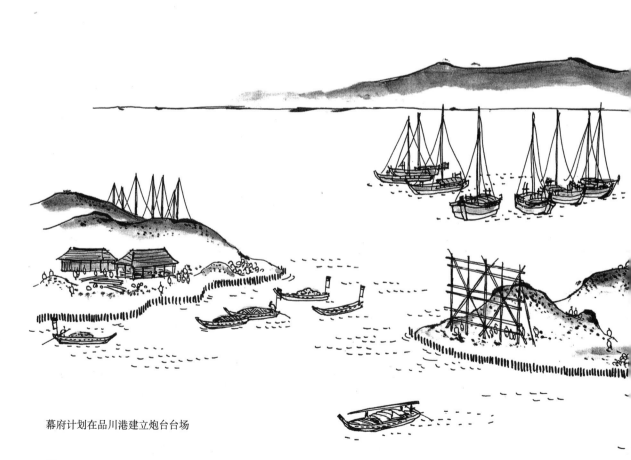

幕府计划在品川港建立炮台台场

佩里是来逼迫幕府开国的。九日，在各藩武士严密的戒备下，他率领300名海军在久里滨登陆，把美国总统菲尔莫尔（Millard Fillmore）致日本国皇帝（将军）的国书交给浦贺奉行。

当时，佩里虽一度离开，但在翌年1854年正月十一日再度来航。这次，黑船直闯江户湾，停靠在羽田港，让江户市民大吃一惊。

措手不及的幕府终于同意在神奈川宿（东海道）偏僻的横滨村展开交涉。经过几次会谈，于三月三日缔结《日美和亲条约》，日本决定在下田和函馆开港。德川幕府持续两百多年的锁国政策就这么轻而易举地被打破了。

为了预防黑船再度造访，幕府运用西洋筑城术，在品川港建造炮台。这就是所谓的"台场"。当初计划造11座炮台，由十分了解西洋兵术的山代官江川英龙指挥，日夜赶工建造，但还没有完成，《日美和亲条约》就已缔结。结果，只建造了第一、二、三、五、六号台场，计划就宣告结束了。

佩里将领率领的萨斯喀那号

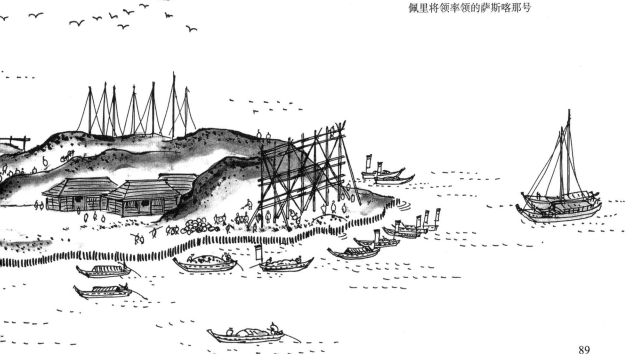

安政大地震

1854年（嘉永七年）是多灾多难的一年。十一月五日，关东地区发生里氏8.4级的大地震。海啸冲击了从房总半岛到九州岛的沿岸，造成了无法估量的损失。1923年的关东大地震是里氏7.9级，可见当时真的是天摇地动。

1855年（安政二年）十月，大江户居民又经历了不可思议的体验。市区内各处地下水上涌，不时传来地鸣，暗夜的天空时不时出现闪光，人们惊恐不已，很怕会突然蹦出魑魅魍魉。

二日的晚上，大地突然上下摇动起来，天空好像吹起狂风般呼呼作响，坚固而厚实的"土藏造"房子应声而倒。这场上下震动的大地震袭击了超高密度的大江户市，震源就在江户港。以现在地震学的推测，应该有里氏6.9级。

江户下町是填海而成的，地基松软，因此损失惨重。光是町人地就有14 000幢房屋倒塌，有4 000人被压在瓦砾堆中丧生。在地基坚硬的山手武家地，也有许多房子倒塌，水户藩的著名儒学家藤田东湖也被压死。地震后，当地多处发生火灾，连对大火司空见惯的江户人都以为世界末日到了。

灾难并没有就此结束。在安政大地震后，关东地区下起了倾盆大雨。隅田川泛滥成灾，深川一带也发生大洪水。人们认为一定是世道太不公平，所以遭到了上天的惩罚。

这场地震和洪水的情况，很快通过报纸和彩色浮世绘传到全国各地。自古以来，人们就认为地震是住在地底的鲇鱼苏醒造成的。陷入不安的江户市民纷纷购买"鲇绘"。人们前往鹿岛神社祈祷，希望用沉重的大拱心石镇住发飙的鲇鱼。

不久之后，画师把恶劣的商人比喻成地震鲇，把他们画成"鲇男"。画中的鲇男不断从肚子里吐出钱币。这些画很受贫穷的里长屋居民欢迎。坚强的江户人渐渐认为大地震象征着恶世结束、新世界来临，也就是"社会变革"的标志。

市区动乱

　　1858 年（安政五年）六月十九日，大老[1]井伊直弼签订了《日美修好通商条约》（不平等条约）。翌年，横滨港设立，开始和外国进行贸易。

　　横滨距离江户很近，发展势头即刻超越了江户初期的贸易港长崎。这里外国的商馆和银行林立，三井等江户的大店也在此设立分店。

1　江户幕府中职位大于老中的最高职称。

国际贸易使日本国内各种生活物资出现不足，导致物价上涨。遑论一般平民百姓，就连下级武士的生活也越来越艰难。幕府终于在1862年（文久二年）放松了参勤交代制，允许大名的妻子、儿女回到故乡，但这反而使江户市中更加冷清。同时，推翻幕府的"尊皇攘夷"运动日益激烈。于是，幕府在1864年（元治元年）征伐这项运动的据点长州（山口县）。

翌年，幕府为了准备再度征伐长州，购买大量米粮等生活物资。江户的物价益见高涨，市内弥漫着不安的气氛。终于，街道处处可见呼吁捣毁幕府的海报。

"捣毁幕府"行动终于在品川宿展开。聚集的群众纷纷喊着"社会变革"的口号，接二连三攻击米店、当铺、酒店，以及靠日常贸易大捞一票的舶来品批发店。这项大江户捣毁运动扩散到芝、牛込、四谷、麻布、赤坂、神田、灵岩岛、本所，几乎覆盖整个江户市区，民众长期压抑的不满情绪终于爆发了。

1868年（明治元年）十月，明治天皇从吴服桥经由和田仓门进入江户城

让出江户城

　　"社会变革"运动推翻了持续三百年的德川幕府。在1867年（庆应三年）十月，德川庆喜宣布将政权归还天皇，也就是"大政奉还"。

　　源自东海地区的民众运动——"有啥不好"狂乱舞蹈活动蔓延到京都和江户。同时，江户城二丸起火燃烧。翌年正月，鸟羽、伏见之战中萨摩（鹿儿岛县）、长州、土佐（高知县）的各藩组成倒幕军打败幕府军，向第十五代（末代）将军德川庆喜发出追讨令。

在天皇的命令下，倒幕军（官军）向"将军麾下"的大江户出发。他们举着锦御旗[1]，从东海道出发征伐，唱着："天皇啊天皇，马的前方，迎风飘扬的是什么，那是征伐朝廷敌人的锦御旗，你不知道吗？彻底讨伐，彻底讨伐。"

到了三月，倒幕军终于发出向江户城发起总攻的命令。在此之前，将军庆喜已离开江户城，躲进上野宽永寺，但仍有彰义队对抗官军，大江户不知何时会变成战场。于是，代表幕府军的胜海舟与官军统帅西乡隆盛达成协议，前者答应在和平的情况下交出江户城。

"江户"也趁机改名为"东京"。从1868年七月十三日的诏书中我们无法得知它到底该读"tokyo"还是"tokei"。九月"一世一元制"被确立，日本改元"明治"。同年十月，明治天皇移驾东京，江户城改作皇城。

自德川家康入主历经三百年发展的江户，在改名东京二十年后的1888年（明治二十一年），模仿拿破仑三世的都市规划，努力使自己成为符合"帝都"身份的近代城市。

1　色彩鲜艳的皇旗。

参考文献

关于江户，尤其是幕末江户的研究书籍，数量十分庞大。在本书的制作过程中，作者参考了无数的文献资料。以下主要介绍一般书籍和特殊研究领域的专业书。

岡部精一　著『東京奠都の真相』一九一七年　仁友社

後藤新平　著『江戸の自治制』一九二二年　二松堂書店

九鬼周造　著『いきの構造』一九三〇年　岩波書店

李家正文　著『厠考』一九三二年　六文館

幸田成友　著『江戸と大阪』一九三四年　冨山房

竹内芳太郎　著『日本劇場図史』一九三五年　壬生書院

三田村鳶魚　著『江戸の風俗』一九四一年　大東出版社

城戸久　著『先賢と遺宅』一九四二年　那珂書店

城戸久　著『藩学建築』一九四五年　養徳社

大熊喜邦　著『江戸建築叢話』一九四七年　東亜出版社

東京都　編『都史紀要二・市中取締沿革・明治初年の警察』
　一九五四年　東京都

東京都　編『江戸の発達』一九五六年　東京都

須田敦夫　著『日本劇場史の研究』一九五七年　相模書房

野村兼太郎　著『江戸』一九五八年　至文堂

稲垣史生　編『江戸生活事典』一九五九年　青蛙房

吉田好彰　監製『木場の歴史』一九五九年　森林資源総合対策協
　議会グリーン・エージ編輯室

石川謙　著『寺子屋』一九六〇年　至文堂

藤口透吾　著『江戸火消年代記』一九六二年　創思社

渡辺実　著『日本食生活史』一九六四年　吉川弘文館

高橋誠一郎　著『日本の美術 22　江戸の浮世絵師』一九六四年

平凡社

伊藤ていじ　著『日本の美術21　民家』一九六五年　平凡社

岸井良衛　編『江戸・町づくし稿』一九六五年　青蛙房

鈴木棠三、朝倉治彦 校註『江戸名所図絵』一九六六年　角川書店

內藤昌　著『江戸と江戸城』一九六六年　鹿島出版会

石井良助　著『吉原』一九六七年　中央公論社

高尾一彦　著『近世の庶民文化』一九六八年　岩波書店

石井良助　編『江戸町方の制度』一九六八年　人物往来社

南和男　著『江戸の社会構造』一九六九年　塙書房

太田博太郎　編『住宅近代史』一九六九年　雄山閣出版

中野栄三　著『銭湯の歴史』一九七〇年　雄山閣

宮田登　著『近世の流行神』一九七二年　評論社

諏訪春雄、內藤昌　著『江戸図屏風』一九七二年　毎日新聞社

全國公衆浴場業環境衛生同業組合連合会　編『公衆浴場史』
　　一九七二年　全國公衆浴場業環境衛生同業組合連合会

草森紳一　著『江戸のデザイン』一九七二年　駸々堂出版

小野武雄　編『江戸の歳事風俗誌』一九七三年　展望社

宮尾しげを、木村仙秀　著『江戸庶民街芸風俗誌』一九七四年
　　展望社

西山松之助、吉原健一郎　編『江戸時代図誌 —— 江戸一』
　　一九七五年　筑摩書房

西山松之助、芳賀登　編『江戸三百年1』一九七五年　講談社

西山松之助、竹內誠　編『江戸三百年2』一九七五年　講談社

秋永芳郎　著『木場の歴史』一九七五年　新人物往来社

佐瀬恒、矢部三千法　著『江戸の諸職風俗誌』一九七五年　展望社

西山松之助、小木新造　編『江戸三百年3』一九七六年　講談社

林屋辰三郎　編『化政文化の研究』一九七六年　岩波書店

西山松之助、竹内誠　編『江戸時代図誌——江戸二』一九七六年
　　筑摩書房

暉峻康隆　著『元禄の演出者たち』一九七六年　朝日新聞社

小野武雄　著『豪福商人風俗誌』一九七六年　展望社

西山松之助、宮田登　編『江戸時代図誌——江戸三』一九七七年
　　筑摩書房

今田洋三　著『江戸の本屋さん』一九七七年　日本放送出版協会

太石慎三郎　著『江戸時代』一九七七年　中央公論社

水江漣子　著『江戸市中形成史の研究』　一九七七年　弘文堂

黒木喬　著『明暦の大火』一九七七年　講談社

圭室文雄、宮田登　著『庶民信仰の幻想』　一九七七年　毎日新聞
　　社

西垣晴次　著『神々と民衆運動』一九七七年　毎日新聞社

南和男　著『幕末江戸社会の研究』一九七八年　吉川弘文館

鈴木理生　著『江戸の川・東京の川』一九七八年　日本放送出版
　　協会

吉原健一郎　著『江戸の情報屋』一九七八年　日本放送出版協会

林屋辰三郎　編『幕末文化の研究』一九七八年　岩波書店

林屋辰三郎　編『文明開化の研究』一九七九年　岩波書店

松崎利雄　著『江戸時代の測量術』一九七九年　総合科学出版

川添登　著『東京の原風景』一九七九年　日本放送出版協会

小木新造　著『東京庶民生活史研究』一九七九年　日本放送出版
　　協会

暉峻康隆　著『好色者の世界　（上）（下）』　一九七九年　日本
　　放送出版協会

鈴木敏夫　著『江戸の本屋』一九八〇年　中央公論社

芳賀登　著『大江戸の成立』一九八〇年　吉川弘文館

西山松之助　著『江戸ッ子』一九八〇年　吉川弘文館

諏訪春雄　著『江戸っ子の美学』一九八〇年　日本書籍

南和男　著『維新前夜の江戸庶民』一九八〇年　教育社

平井聖　著『図説日本住宅の歴史』一九八〇年　学芸出版社

小木新造　著『東京時代』一九八〇年　日本放送出版協会

服部幸雄　著『江戸歌舞伎論』一九八〇年　法政大学出版局

西山松之助　著『大江戸の文化』一九八一年　日本放送出版協会

高橋洋二　編　別冊太陽『江戸の粋』一九八一年　平凡社

陣内透信、板倉文雄　等著『東京の町を読む』一九八一年　相模
　　書房

原田伴彦、芳賀登、森谷尅久、熊倉功夫　著『図録都市生活史事
　　典』一九八一年　柏書房

玉井達郎　編著『浮世絵と町人』一九八二年　講談社

伊藤好一　著『江戸の夢の島』一九八二年　吉川弘文館

除此以外，东京都、府各区分别编撰各自的历史资料。

后 记

内藤昌

"江户，就是东京的前身。"

本书就是围绕这个主题，将江户町形成的历史分为上、下两册来介绍。

"建造町"的技术，也就是都市规划的技术，反映出在那里居住的人们孕育出的文化。如今，只要借助可以用来登上月球的最先进的科学技术，人们不仅可以建造超高楼大厦林立的城市，而且可以建造空中城市、地下城市和海底城市这些以前只在科幻小说中才会出现的城市。暂且不谈只去参观一天或两天的情况，人类真的希望长期居住在这种背离大自然的人工都市中吗？最近人们才终于发现，仰赖科技进步而制定的都市规划，并非人类梦想中的理想都市。人类和神明不同，不是必须过"干净""美丽""正确"的生活。虽然有点儿"脏"，虽然有点儿"丑"，只要不给别人添麻烦，可以玩一些"坏事"的城市；能让不同的人带着不同的思考自由生活的城市，或许才是人类数千年来所追求的理想城市——乌托邦。

运用了日本的科学技术，江户才发展成今天的东京，但与此同时，它并没有失去与大自然之间的协调。虽然有时人们对高科技的骄傲自满让它遭受了地震和大火等都市灾害，饱尝身在地狱的痛苦，但最终因为遵循"の"字形的都市规划原则，江户适应了时代的变化。在适度遵从这个原则的同时，它也适度保持了"暧昧"的自由特质，这使江户能够在超高密度社会中培养出无数天才，培育以歌舞伎、浮世绘为代表的江户文化的原动力。虽然处于封建社会，但江户尊重无名市民的"心灵自由"。都市规划的本质，或许就是要建造一个可以培育"心灵自由"的地方。至少，江户建町的历史不同于欧洲国家或中国，后者的城市常为某一个帝王规划得井然有序。江户这座城市虽然杂乱，却意外地令人感到"住得舒适"。这正是思考日后的东京乃至日本都市营造方法的宝贵参考。

在写作本书的过程中，我得到众多朋友的指导和协助。更有幸当面向造船史专家石井谦治大师和歌舞伎史专家服部幸雄大师请教。同时，拜负责插画的穗积和夫先生的协助以及编辑部平山礼子小姐的热忱所赐，本书才得以完成，在此表示衷心的感谢。

1982 年 10 月

文
景

Horizon

社 科 新 知　文 艺 新 潮

江户町

［日］内藤昌 著　［日］穗积和夫 绘

王蕴洁 译

出 品 人：姚映然
策划编辑：熊霁明
责任编辑：王　萌
营销编辑：高晓倩
装帧设计：肖晋兴

出　　品：北京世纪文景文化传播有限责任公司
　　　　　（北京朝阳区东土城路8号林达大厦A座4A　100013）
出版发行：上海人民出版社
印　　刷：山东临沂新华印刷物流集团有限责任公司
制　　版：壹原视觉

开 本：787mm×1092mm　1 / 16
印 张：13　字 数：129,000
2021年11月第1版　2021年11月第1次印刷
定 价：108.00元
ISBN：978-7-208-17123-7/TU·21

NIHONJIN WA DONOYOUNI KENZOUBUTSU WO TSUKUTTE KITAKA: vol.4
Edo no Machi (vol.1)-Kyodai Toshi no Tanjo
Text copyright © 1982 by Akira Naito
Illustration © 1982 by Kazuo Hozumi

NIHONJIN WA DONOYOUNI KENZOUBUTSU WO TSUKUTTE KITAKA: vol.5
Edo no Machi (vol.2)-Kyodai Toshi no Hatten
Text copyright © 1982 by Akira Naito
Illustration © 1982 by Kazuo Hozumi

Published by arrangement with SOSHISHA CO., LTD.
Simplified Chinese Translation copyright © 2021 by Horizon Books,
Beijing Division of Shanghai Century Publishing Co., Ltd.
Through Future View Technology Ltd.
ALL RIGHTS RESERVED.

本书中文简体字译稿由台湾马可孛罗文化授权

图书在版编目（CIP）数据

江户町 / (日) 内藤昌著；(日) 穗积和夫绘；王
蕴洁译. -- 上海：上海人民出版社, 2021
　　ISBN 978-7-208-17123-7

　　Ⅰ.①江… Ⅱ.①内… ②穗… ③王… Ⅲ.①城市史
－东京 Ⅳ.①K931.3

中国版本图书馆CIP数据核字(2021)第092589号

本书如有印装错误，请致电本社更换　010-52187586

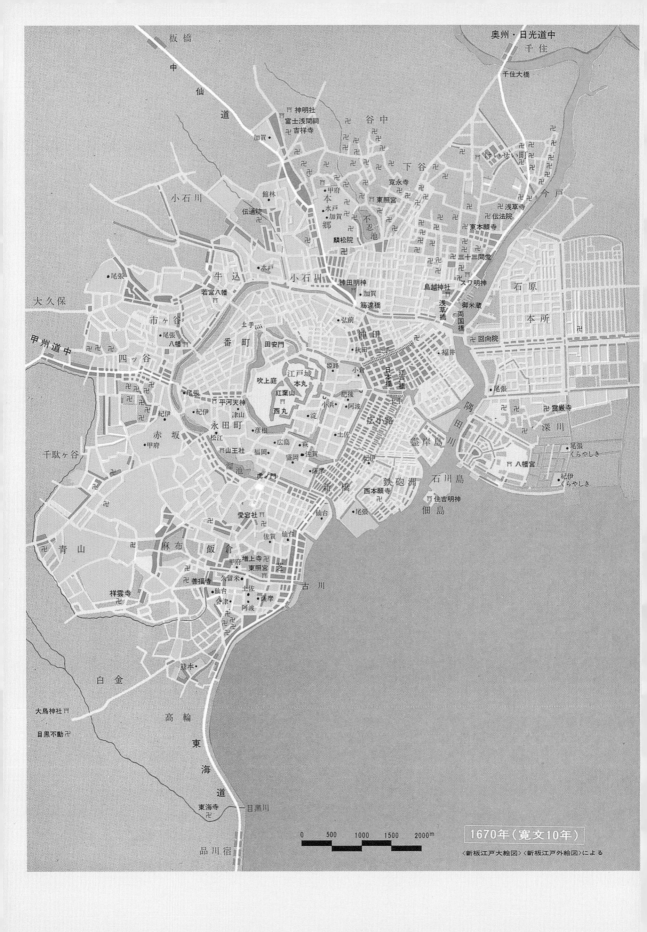

千住

千住大橋

中

仙

道

板橋

神明社
富士浅間祠
卍吉祥寺

谷中

下谷

甘い町

加賀・

寛永寺

小石川

館林・

甲府
本・
水戸・
加賀

今戸

東照宮

不忍池

伝通院

麟松院

卍浅草寺
伝法院
東本願寺

三十三間堂

石原

大久保

牛込

若宮八幡

水戸

小石川

神田明神
加賀

筋違橋

鳥越神社
浅草橋
御米蔵
両国橋

スワ明神

回向院

本所

市ヶ谷

尾張

尾張
八幡

番町

土手

田安門

弘前

神田

秋田

福井

甲州道中

四ツ谷

紀伊

赤坂

甲府

尾張

平河天神
津山
西丸

江戸城

本丸
紅葉山

吹上庭

姫路
小谷

肥後
阿波

日本橋
江戸橋

尾張

千駄ヶ谷

紀伊

松江

山王社

彦根

広島
福岡
盛岡

淀

土佐

佐賀

紀伊

隅
田
川

霊岸島

深川

靈巌寺

永田町

溜池

虎ノ門

新橋

愛宕社

仙台

西本願寺

鉄砲洲

住吉明神
佃島

石川島

八幡宮

尾張
くらやしき

紀伊
くらやしき

青山

麻布

飯倉

佐賀

仙台

祥雲寺

熊本・

甲府
増上寺
東照宮
久留米・

善福寺

仙台・

土佐
薩摩
阿波

古川

白金

高輪

大鳥神社

目黒不動

東

海

道

東海寺

目黒川

品川宿

0   500   1000 1500 2000m

1670年（寛文10年）

〈新板江戸大絵図〉〈新板江戸外絵図〉による

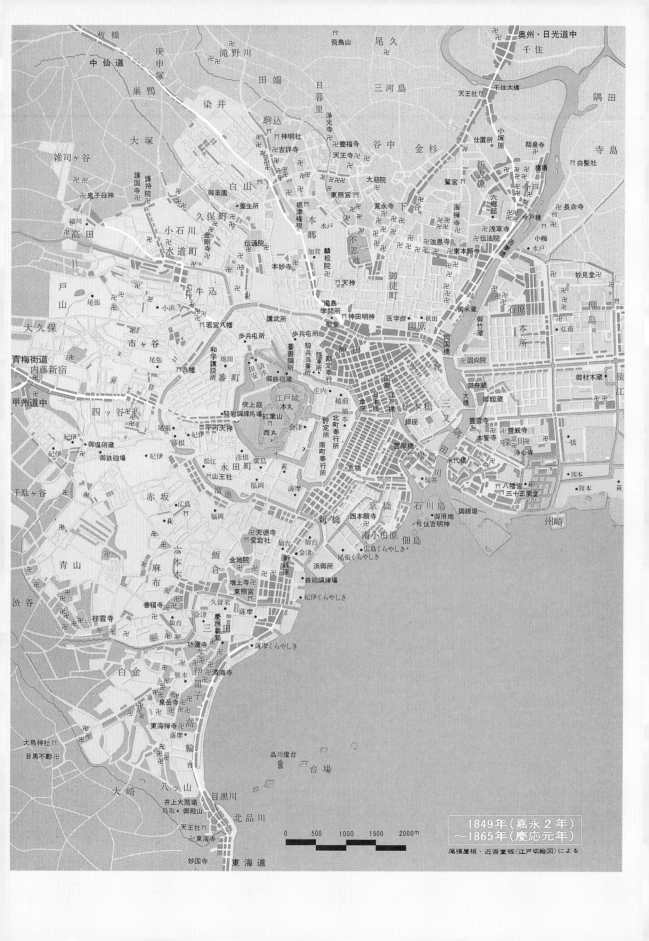

奥州・日光道中
千住

板橋
中仙道
庚申塚
滝野川
巣鴨
染井
飛鳥山
尾久
隅田

田端
駒込
日暮里
三河島
天王社
千住大橋
寺島

雑司ヶ谷
大塚
神明社
浄光寺
谷中
金杉
小塚原
仕置所
白髭社

鬼子母神
護国寺
護持院
吉祥寺
天王寺
大慈院
仕置所
新吉原
総泉寺
今戸

細川
御薬園
菱福寺
東照宮
寛永寺
下谷
六郷部
海禅寺
今戸橋
長命寺

高田
白山
久保町
養生所
根津権現
本郷
水戸
不忍池
法恩寺
伝法院
東本願寺
小梅
水戸
妙見堂

戸山
小石川
金剛寺
伝通院
麟松院
加賀
御徒町
天神
浅草寺
御米蔵
御竹蔵
御蔵
石原
本所
柳島

尾張
牛込
本妙寺
湯島学問所
神田明神
医学館
秋田
御米蔵
回向院
御材木蔵
猿江

大久保
市ヶ谷
若宮八幡
講武所
歩兵屯所
聖堂
柳原
両国橋
三又
御舟蔵

青梅街道
内藤新宿
和学講談所
堀田番町
蕃書調所
騎兵当番所
陸軍所
神田
広小路
浅草
山谷堀
大橋
霊雲寺
本誓寺
深川
浄心寺

甲州道中
四ッ谷
尾張
八幡
御鉄砲蔵
御鉄砲場
吹上庭
騎射調練馬場
紅葉山
本丸
西丸
会津
庄内
越前
勘定奉行
北町奉行所
評定所
南町奉行所
日本橋
京橋
霊岸島
熊本
荻

千駄ヶ谷
御塩硝蔵
御鉄砲場
紀伊
日平河天神
松江
彦根
廣島
萩
福岡
薩摩
銀座
南伝馬町
亀島
福井
石川島

赤坂
広島
溜池
福岡
薩摩
新橋
西本願寺
京橋
石川島
御用地
住吉明神
調練場

青山
六本木
麻布
飯倉
金地院
増上寺
東照宮
天徳寺
愛宕社
仙台
仙台
会津
新銭座
浜御所
鉄砲調練場
南小田原
広島くらやしき
尾張くらやしき
佃島
州崎

渋谷
善福寺
善福寺
仙台
会津
慶應義塾
三田
功徳寺
芝田
伊皿子
泉岳寺
紀伊くらやしき
薩摩くらやしき

白金
熊本
萩
東海禅寺
薩摩
高輪

大島神社
目黒不動
輪
八ッ山
井上大筒場
鳥取・御殿山
大崎
目黒川
北品川
品川埋台
台場

天王社
東海寺
妙国寺
東海道

0 500 1000 1500 2000m

1849年（嘉永2年）
〜1865年（慶応元年）

尾張屋板・近吾堂板《江戸切絵図》による